宇宙経営12のメッセージ

—twelve messages—

平井ナナエ

すべての秘訣は
「自分とのパートナーシップ」にある

RTH出版

この本を
子どもたちのために……
新しい未来を創造していく仲間に捧げます。

まえがき

この本を手に取ってくださってありがとうございます。

『宇宙経営12のメッセージ』のシリーズ三冊目である『パートナーシップ編』は、私のいろんな想いを形にした本となりました。

この『パートナーシップ編』を書くことを決めたのは、社会が大きく変わっていくなかで、「今、伝えないといけない」と感じたからです。

「パートナーシップ」という言葉にすでにいろんなイメージが付いていると感じます。

人によってイメージが違うことも感じます。

皆さんもこれからの時代は「女性性」が大事だと勘付き始めていると思います。

周りを見れば、女性がいろんな形で目覚めてきていることを感じるわけです。

私は自分の本音や使命で生きることを大事にしていますが、本音を貫いている生き方に触れて、「見つけた！！！」と言って喜んでくださる方が増えてきています。

私をインターネットやＹｏｕＴｕｂｅ動画などで見つけて「見つけた！！！」と思われる方は「本当の自分に気づいてしまっている人」だと思います。

そして、「本当の自分の想い」に気付いてしまった方の中にはその「本当の自分の想い」にウソをつけなくなっていて……苦しんでいる人もいるかもしれません。

特に今回の本は、「志に気付いてしまった人」に届いて欲しくて書きました。特に、志に気付いてしまった女性です。

多くの人がこれからの時代の流れを感じることができますように……。

この本を機会に「本当の自分で生きる」ことを大事にしていてください。

目次

まえがき …… 003

第1章 基本編・自分とのパートナーシップ …… 009

Message 1 すべての前提は「自分とのパートナーシップ」にある …… 010

Message 2 自分自身の理想を見続ける …… 021

第2章 家族とのパートナーシップ …… 033

Message 3 「夫婦」という概念を手放す …… 034

Message 4 相手に合わせるのではなく、自分に合わせ続ける …… 040

Message 5 親は死ぬまで、子を心配するもの …… 055

Message 6 義理の家族や親族のことも、自分自身とのパートナーシップから始まる……060
Message 7 経験・プロセスにこそ、価値がある……069

第3章 仕事上のパートナーシップ……083

Message 8 全て一人で仕事ができるという人は、いない……084
Message 9 「新しい人」だから気付けることがある……089
Message 10 同僚とは、本音で言い合えるからこそ磨き合える……094
Message 11 本気で意見を打ち合えるパートナーがいれば、事業は成功する……097
Message 12 お客様は仲間。その仲間のために動くのがビジネス……101
仕事と家事、育児を両立するには……104
自分の理想を認めれば、現実化に近付く……107

第4章 新しい時代のパートナーシップ……123
これからは「感性の時代」になる……124
「新しい文明」の中心地、日本……128
これからの時代は「タテがヨコになる」……132
上下ではない、フラットなパートナーシップ……135
「女性性の時代」の到来……140
第5章 パートナーシップ対談集……147
パートナーシップ対談【出産・育児編】……149
パートナーシップ対談【家族・親族編】……170
パートナーシップ対談【ママさん起業家の子育て編】……193
あとがき……225

第1章

基本編・自分とのパートナーシップ

Message 1

すべての前提は「自分とのパートナーシップ」にある

「宇宙経営」とは、宇宙の法則に則って人生経営や、事業経営をすることです。
それは、大自然の法則・天地の法則とも言えます。

宇宙の法則に則ると、その結果、人間技ではない、神技とも言えるような奇跡が起こっていきます。

それは、難しいことだと言えば難しいことかもしれませんが、
簡単なことだと言えば、簡単だと思っています。

なぜなら、私たちは、本来、天地宇宙や大自然の一部であり、繋がっているのです

から、内なる声や、自分本来の感性に耳を傾けると、誰しもが、インスピレーションで繋がれると思っています。

そして、**天地宇宙とつながっている「内なる存在」と対話し、奇跡のようなことを起こすために、私が重要だと思っているのは、「自分が本当に望んでいること」を、自分で感じていくことです。**

外の世界から与えられた社会的な価値観やルールや情報ではなく、自分の内側から湧いてくる感情や感覚や感性といった「内なる声」を感じ取ることが、とても重要だと思っています。

「引き寄せの法則」に従って考えると、自分の状態や波動に合った出来事が自分の目の前で起こりますから、「いかに、自分を良い気分にするか」が重要になります。

そして、とてもシンプルな話ですが、「自分が本当に望んでいること」を考えたり、思ったりするだけで、人は幸せを感じたり、気分が良くなります。

そのためにも、自分の本音や、内なる存在と対話することが大切です。**宇宙経営で大事なのは、内なる存在との「対話」であり、内なる存在との「パートナーシップ」だと言えるのです。**

「宇宙経営12のメッセージ」シリーズ三冊目となる今回の本のテーマは「パートナーシップ」です。

これは、もちろん夫婦や恋人とのパートナーシップはもちろん、自分の両親、あるいは子どもとの親子のパートナーシップ、あるいは仕事や役割で関わりのある人たちとのパートナーシップ（例えば、上司や部下、同僚、取引先や顧客といった方々）なども含めて、人生で生きていく上で関わる様々なパートナーシップについて取り扱っていきます。

こうした様々な「パートナーシップ」で幸せを創造していくために、私が真っ先に大切にしなければならないと思うのは、「自分自身とのパートナーシップ」です。

「自分自身とのパートナーシップ」と聞くと、不思議に思う人もいるかもしれません。

私の著作「宇宙経営12のメッセージ」シリーズ二冊を読んでくださった皆様や、私のオンラインサロンで私の考えを聞いていただいている方々は、「やはりそれが大事なんだね」と思っていただいているかもしれません。

第1章は、過去に出した二冊の本で紹介している内容と大事なポイントが含まれています。ですから、自分の興味があるパートナーシップに関する話題を先に読んでいただいても、もちろん構いません。自分の状況にあわせて、自由に活用してください。

しかし、**第1章で紹介していることが、すべてのパートナーシップの基本になります。**この基本中の基本をきちんと理解して、腑に落ちた状態でいるのと、頭でわかったつもりでいるのとでは、**理想のパートナーシップを現実化できるスピードや精度が大きく違ってくる**と感じています。

「もうわかってるよ、できてるよ」と思う方も、良かったら、この先のお話も改めて読んでみて、再確認していただけたら嬉しいです。

私たち人間が見ている世界は、全て私たち自身が創り出しています。この前提に立たなければ、宇宙経営を実践することはできません。自分が見ている世界は、全て自分が創り出している。言い換えれば、**自分の意識が変わることで、目の前の世界は一変する可能性を秘めている**ということです。**このことをどれだけ理解し、実践できるかが、大きなカギになります。**

これを私は**「何事も自責で捉える」**と表現しています。**全て、自分が創り出している。目の前で起きている出来事は、自分が責任を負う。その覚悟があるかどうかが、宇宙経営を進めていく上での大前提**になります。

全て自分が創り出している、と思えていない状態のことを、私は「他責」と表現します。自分以外のもの、例えば他人、環境、常識、社会……そういった自分ではない何かに責任を押し付けている状態。これが他責です。

もし、あなたが他責の状態にあるとするならば、あなたの人生を宇宙経営していくことは不可能です。ただ、それが「いけないこと」だとは、私は思いません。そういう生き方を選ぶのも自由です。

ただ、他責の状態で生きていくのは苦しいのではないかな、と私は感じています。自分自身が他責の状態では、何も状況は変わらず、何年も同じことが繰り返されてしまうことになります。

「パートナーシップ」においても、同じことです。

もし、あなたが今のパートナーとの関係に満足していないとするならば（あるいは、

自分とのコミュニケーションを最優先に。

パートナーがいないことに不満を感じているならば)、

「この現実は、自身が創り出している」

どれだけ真剣にそう思えるかが、宇宙経営におけるパートナーシップのポイントになります。

特に、身近なパートナーとの関係においては、「夫が自分の自由を奪っている」「家族の世話があるから好きに働けない」「妻の言うことを聞かなければならない」「相手のせいで自分が不幸になっている」**「自分は犠牲者だ」「自分は被害者だ」など、自分が何かできないこと、自分の思い通りにならないことを相手のせいにしてしまうことが多いように感じています。**

でも、本当にそうでしょうか。

「全て自分が創り出している」が基本的な考え方だとすれば、それすらも、自分自身が創り出しているはずなのです。しかし、**ことパートナーシップにおいては、お互いの関係性が近過ぎるがゆえに、「他責」が発動しやすいと私は見ています。**

だからこそ、**あなた自身が自分自身とのパートナーシップに目を向けて、自分の「肚」、あるいは「内なる存在」と深くつながること。これがとても重要になってくるのです。**

「肚」とは、身体的な部位で言えばおへその十センチくらい下、お腹の中に三センチほど入った部分。いわゆる「丹田」を指します。

丹田とは、古来日本では身体・精神の中心と考えられてきた部分です。日本語には「腹を決める」「腹をくくる」「腹を見せる」「腹に納める」など、「腹」を使った慣用句が多々あります。それだけ、日本人は腹、もしくは肚を大切にしてきたということの表れと言えるでしょう。

宇宙経営においては、この「肚」、あるいは「内なる存在」とのコミュニケーションを大切に考えています。周囲の意見や環境、常識に囚われることなく「自分はどう感じるか?」と、自分の内なる存在にアクセスする。そして、そこから答えを導き出す。私自身は「全て完璧なことが起こる」と自分に言い聞かせています。

もしかしたら、自分が「こうする」と決めたことによって、パートナーや家族、自分の周囲がザワつくことがあるかもしれません。それでも、自分の内なる存在が「行け」というなら、その道を進む。その上で「全て完璧なことが起こる」と決め続けることです。

これこそが、ありとあらゆるパートナーシップのベースにある、「自分自身とのパートナーシップ」です。

現代を生きる皆さんは特に、自分の身の回りに情報が溢れていて、本当に自分がどうしたいのか、どうするべきなのか、自分自身を見失ってしまっていることが多いように感じます。自分自身の本音と、繋がっていないように感じています。

だからこそ、一日のうちに少しでも構いませんから、静かな場所にゆったりと座って、目を閉じて、鼻から大きく息を吸って、口からゆっくりと吐き出す。自分の肚、丹田とつながる意識で、ゆっくりと深く呼吸をする。そんな時間を作ってみていただきたいのです。

この時間は、本当の自分、自分の中にいる「内なる存在」とつながる時間です。自分は何がしたいのか、どう生きていきたいのか、本当はどうしたいのか……。**全ての答えは、自分の中にあります。自分の外側には、自分がどう生きていくべきかの答えはありません。**

それは、いくら信頼しているパートナーからの意見でも、どんなに愛を注いでくれる両親からの言葉でも、尊敬してやまない上司からのアドバイスや忠告であっても、同じことです。

もちろん、その人の話を聞いて、自分自身が「そうだ」と感じるならば、その感覚に従うのが良いでしょう。しかし、内なる存在が「違う」と言っているのに、パートナーや両親、恩師の言葉に従うとするならば、それは自分自身とのパートナーシップを自ら壊していることになります。

現代においては、自分の内側からの声よりも、他人からのアドバイスや意見を正しいと思い込む人が多いと私は感じています。繰り返しになりますが、**それは自分とのパートナーシップを自ら放棄しているようなもの。**その状態で、いくら目の前のパートナーとの関係を良くしようとしても、無理な話だと私は思います。

「自分自身とのパートナーシップ」が、すべての人間関係の秘訣だと私は感じています。

Message 2

自分自身の理想を見続ける

自分自身とのパートナーシップを深めていく上で具体的なヒントとして、まずご紹介したいのが、「自分にとって理想の状態を描くこと」です。人は、それぞれ価値観が違いますし、幸せ感も違います。自分にとっての理想とはどういう状態なのか、自分にとっての幸せとはどういうものかを、自分自身が把握しておく必要があります。

自分の価値観や幸せ感を把握するために、私が使っているのが**「幸せの五カ条」**です。詳しい書き方や内容は『宇宙経営12のメッセージ』を読んでいただければと思いますが、「仕事・お金・パートナー・家族・健康」の五項目について、自分が理想とする状態を思い描き、ノートに書き記すというものです。

「幸せの五カ条」を書いてみることで、自分自身にとって幸せな状態とはどんなものか、自分にとっての理想とは何かを知ることができます。

大切なことは、その目標に向かって努力する事柄やステップを考えること……ではなく、自分の理想の状態を知り、その状態に自分の身を置いて喜んだり、嬉しい気持ちを味わうことです。

私の見る限り、多くの方が自分の理想を自由に描くというよりは、自分の外側の世界に意識を向けて「怒られないように」「合わせるように」と気を遣って生きているように見えます。でもそれは、あなたの本当の理想を生きているとは言えません。

自分が何を見たいのか、どこへ向かいたいのか、どんな人生を送りたいのか、どんな時間を過ごしたいのか。こういったことを、本来あなたは自由に思って良いのです。
それこそが、自分自身の理想を見続けるということです。

この段階では、具体的な方法論や、プロセスは無視です。「どうしたら理想に近付くんだろう？」「どうしたら理想が現実化するんだろう？」と考える必要はありません。**むしろ、方法論やプロセスを、考えてはいけません**（笑）。

ただただ、自分の理想を描き、その状態に自分の身を置き続けること。そうすることで、プロセスや、方法論は自然と渡されます。私たち人間の小さな頭で「こうすればいいかな？」「こうした方がいいかな？」と考えたものとは違って、自分では思いもよらなかったところから、理想に近付く道筋が拓けたりするものです。

自分にとっての「本当の理想」を描くためには、どうしても自分の内なる存在と深くつながる必要があります。

自分の本当の理想は、自分の外側には存在しません。ですから、あなたが本当に望む理想の状態は、世間一般で言われる「幸せ」や「成功」とは全く異なるものである可能性もあるのです。だからこそ、自分自身とのパートナーシップを築き、理想を描

（結果をイメージする。）

き続けること。これが極めて大切なのです。

自分とのパートナーシップを深めて、自分の理想を描いていくために必要なことは、自分自身のエネルギーを高めていくことです。宇宙経営とは「自分の希望や理想、イメージしたことが形になる、現実化していく」こと。そのために必要なのは、自分の内側から溢れ出るエネルギーです。

頑張らず、枯渇することもなく、自ずと湧き出てくるようなエネルギー。自分の内側から無尽蔵に、無限に湧き続けてくる自然のエネルギー。自分の理想や希望を描き、現実化させていくためには、これが必要不可欠です。

実は、**自分自身とのパートナーシップを深めていくことと、この内側から湧き出るエネルギーを高めることは、表裏一体です。**

自分のミッション、使命、生まれてきた理由。あるいはビジョン、どんな世界を見たいのか、どんな社会を創造したいのか、どんな環境に身を置きたいのか。こうした自分のミッションやビジョンを描くと、気分が良くなる、ワクワクする感覚を感じ、自分の内側からエネルギーが湧いてくるはずです。そのエネルギーこそが、自分の希望や理想、イメージを現実化することにつながっていくのです。

より具体的に、自分のエネルギーを高めるために私が何をしているかをご紹介します。

私の場合は「感謝すること」、「使う言葉を選ぶこと」、「自分の気分が良くなるものを見ること」。この三つを意識しています。詳しくは『宇宙経営12のメッセージ』に書いてありますので、興味のある方は読んでみていただけると嬉しいです。

自分が身を置く環境を意識することも大切です。人間は見ているもの・見えているもの、聞いているもの・聞こえているものに大きな影響を受けます。だからこそ、自分にとって心地の良いものを見る・聞く習慣や環境を維持する必要があります。言い換えれば、自分がいつも見ているもの・聞いているものは自分にとって心地よいものか、チェックすることをおススメします。

パートナーシップに絡めて言えば、「見ていて気持ちのいい人」「聞いていて気持ちのいい会話」など、環境には、人も含まれます。自分にとって気分のいい環境に身を置いているか、一緒にいて気分のいい人と一緒にいるかを確認してみましょう。

私自身の朝・晩の習慣についても、少しだけ触れておきましょう。

私の一日の捉え方は、**夜が「始まり」**です。寝る前に、何を想って眠りにつくか。これがとても重要です。

就寝前にはゆっくりとお風呂に入り、体温を上げ、血流を良くします。その後、ゆったりと呼吸をしながらストレッチをする。これは、身体が柔軟で整った状態にして眠りにつくための準備です。

（違和感を大事にする。）

そして、今日も一日ありがたかったな、充実していたな、という想いを味わう。そして、自分が見たい世界をイメージして眠ります。ある意味、翌朝に向けた準備をしっかりとした上で眠るのです。

翌朝。**目覚めたら、無条件に口角を「ニッ」と上げます。**つまり、笑顔になるということです。楽しいか、楽しくないか、嬉しいか、嬉しくないかは無関係です。とにかく口角を上げ、笑顔を作るのです。そうすることで、脳みそは「あ、楽しい！」と勘違いしてくれます（笑）。それだけでも、エネルギーは湧きやすくなります。

さらに、で言えば、**身体を休めるスケジュールを組むことも大切です。**忙しくなってくると、自分の身体の疲れを無視して活動してしまう方が多いように感じます。でも、身体は正直です。精神的に充実していて、「もっと活動したい」と思っている時や、「これをしないと」と焦りを感じている時などは、ぜひ身体を休めるスケジューリングができているかを確認してみてください。そのくらい、身体の状態はパフォー

（出したい結果へ真っ直ぐ向かう。）

マンスに大きな影響を与えますし、疲労が溜まってくると、自分の内側からエネルギーが湧いてこなくなります。

また、**「豊かさを感じる時間」を取ること**も意識的に行っています。

自分にとって、豊かだな、ありがたいなと感謝が溢れる時間の使い方を、敢えてする。自分自身が心の豊かさ、ありがたさを感じる時間を意識して確保してほしいと思います。

例えば、大切な家族や仲間と共に過ごす時間を作る。あるいは、お気に入りの食べ物や飲み物を楽しむ。お気に入りのカフェやレストラン、お店、神社・仏閣、教会や公園などを訪れる。大好きな本、音楽、芸術に触れる。どんなことでも構いません。**自分が心の豊かさを感じられる時間を、意識的にスケジュールに入れておくことをオススメします。**

そうすることで、**自然と感謝が溢れ、自分の内側からエネルギーがさらに湧いてくるのを感じられます。**

こういったことはある意味、自分自身とのパートナーシップ、自分自身を大切に扱うことにつながります。自分自身の内なる存在とコミュニケーションを取り、自分の身体を無理に動かすのではなく、適切に休ませながら使っていくのです。

私がパートナーシップを考える上で、「自分自身とのパートナーシップ」をどれだけ重要視しているかを、ご紹介しました。

全ては、自分が創り出している。そして、自分自身との対話、コミュニケーションにこそ、全ての答えがある。このことを深く認識し、腑に落としていただいた上で、次章以降、具体的なパートナーシップの考え方や実践についてご紹介していきます。

（違和感を丁寧に取り扱う。）

「自分とのパートナーシップ」のまとめ

【つまづきやすい原因】

「自分自身とのパートナーシップ」をうまく取れていない。

【うまくいくヒント】

● 何事も自責で捉えられているかを意識する。
● 自分の「内なる存在」とつながる時間を持つ。
● 「他人からのアドバイス」より、「自分の直感や感覚」を大切にする。

（ 我慢しないで。 ）

【人生を変えるワーク】

□「全て自分が創り出しているとしたら？」と常に自分に問いかけてみましょう。
□ 瞑想して、自分とつながる時間を毎日、大切にしてみましょう。

（　新しい世界へ。　）

（　まだまだできることがある。　）

第2章

家族とのパートナーシップ

Message 3

「夫婦」という概念を手放す

では、この章からは具体的な相手をイメージしたパートナーシップについて書いてきます。

ですが、繰り返し伝えたいと思うのは、何よりも「自分とのパートナーシップ」が最も大切、ということ。それなくしては、どんな相手とのパートナーシップも、上手くいかないと思っておいてください。そのくらい、自分自身とつながる、自分自身を大切にすることが、何より重要です。

まずは、夫婦、あるいは恋人同士のパートナーシップから、考えていきます。

最初に、というか、最初からまあまあムチャクチャなことを書きますが、**私は「夫婦」という概念を手放す、やめてみる、ということをしています。**

誰かが私とヨンソ（私のパートナー、旦那さまです）のことを見れば、もちろん夫婦に見えます。というか、戸籍上は実際に夫婦です。ですが、**自分の中ではその概念を既にないものにしています。**ヨンソのことを人に紹介するときに「旦那さん」と言った方が伝わりやすいから使っている、という感じです。

私の感覚としては「日本という国」という言葉の使い方に近いかもしれません。というのは、私の中には既に「国」とか「国境」という概念はありません。だから、私の中の世界には「国」がない。ただ、今はまだ「日本」と言った方がわかりやすいから、そうしている。そんな感覚です。

これは、なかなか伝わりにくいので、丁寧に伝えます。よくあるのが、「ヨンソの意見は、ナナエの意見でもある」、あるいは、その逆もありますが、そういう思い込みです。

二人は夫婦だから同意見だろう、と思われることがまあまあ起ります。でも、それは違います。**私の見方と、ヨンソの見方は違う。当然、意見も違う。こういうことから、私は「夫婦」という概念を外す努力をしている感覚があります。**

これはあくまでも私の場合、ということです。私は二〇一六年にヨンソと再婚しました。**再婚後しばらくは、「夫婦」あるいは「妻」「嫁」という概念にかなり囚われていました。**

言い方を変えると、**「嫁だから、〇〇しないと」「夫婦だから、〇〇」という概念で、自分が本当は頑張りたくないこと、努力したくないことを頑張った経験をしました。**私としては、それが楽しくなかった。もちろん、「嫁だから」、「夫婦だから」という考えが楽しければ、そうしたら良いんです。でも、私には楽しくなかった。私が本当に楽しいと思えるのは、仕事。仕事ができない状況は、楽しくなかったのです。

ですから、「自分の好みを見つけておく」ことは、とても大切です。自分の好み、どういう状態が自分の幸せかを明確にして、書き残しておく。これがとても大切です。

私の場合、パートナーが幸せであること。これが願いでした。**ここに余計な思い込みや概念が入っていると、おかしなことになる。**

私の中には、ヨンソの幸せは、年下のきれいな女性と結婚することだという思い込みがありました。私はヨンソより年上だし、それほど美人というわけでもない。だから、ヨンソは幸せではない……。そんな思い込みを持っていました。そして、それを押し付けていたのです。でも、それは私の勝手な思い込みです。ヨンソは、一言もそんなことは言ってない。なので、この概念を一度手放して、**シンプルに「パートナーが幸せである」という一点にフォーカスしてみました。**

そうすると、どうなったでしょうか。

ヨンソが幸せそうに見えてきたのです。おそらく、ヨンソは何も変わっていないと言うでしょう。でも、私の見方が変わったのです。

こんな例もあります。ヨンソは時々、一人でスーパーに買い物に出かけたりします。以前の私は「一人で買い物に行ってもらっていいのだろうか」「無理させているんじゃないか」と思うこともありました。しかし、今は「ヨンソはそれが好みなのだ」と思うようになりました。

根底では、相手のことを大切に思うからこそ、気を遣ったり、遠慮したり、という概念が発動します。特に女性は、心が優しく、気を配れる方が多いので、そういう意識が働くことが多いかもしれません。でも、「相手は好きなことを選んでいる」、「相手が幸せである」ということにフォーカスして、思い続けてみてください。

そう想ったら、そう見えてくるかもしれません。経験してみてください。経験とは、人生の実験とも言えます（笑）。このようなパターンを活用して、パートナーの理想の状態を書いて想ってみてください。

（　夢を話せる仲間に感謝。　）

Message 4

相手に合わせるのではなく、自分に合わせ続ける

続いて、恋人同士におけるパートナーシップです。

ここで私が最初に伝えたくなるのは、これは夫婦関係においても同じことですが、**「相手に合わせて上手く行かせていても、本当のつながりにはならない」**ということです。

例えば、大好きなパートナーがいるとします。その相手に合わせて、関係を上手く行かせていたとしても、それが本当のつながりになることはありません。

では、どうしたらいいのか。当然、**自分自身に集中することです。自分自身であり**

続けた結果、横に居続けられる人。それが本物のパートナーである可能性が高いです。

相手が何を言おうと、関係がどうなろうと、自分が自分であり続ける。このことにフォーカスすることが最も大切です。相手に合わせないと持続できないような関係性は、私は本物のパートナーとは言えないと感じます。

とはいえ、全て自分が選べます。自分を抑えて、相手と合わせてでも、その人と一緒にいたいから、そうする。もちろん、そういう選択をすることも良いと思います。ただ、それはかなり辛い道ではないかな？　と聞きたくなります。

自分自身を生き、しかもパートナーと調和していくためには、繰り返しになりますが、自分の理想を書き留めておくことです。例えば、**パートナーの言動を見て、自分が嫌な気持ちになった。嫌なことが起きた。それは、相手の問題ではなく、自分の反応です。**

その時に、「何が嫌なのか」を書きとめておく。そうやって、自分にとって「嫌なこと、もの」を理解し、認めてあげることが大事なのです。嫌なことを認めてあげると、反対に「好きなこと、もの」がわかってきます。**「『嫌』がわかれば、『好き』がわかる」。嫌な感情や出来事は、自分の理想、好きなことをわからせてくれるきっかけなのです。**

私の場合、仕事においてはこれを楽勝でできていました。にもかかわらず、パートナー、旦那さんが相手だと、別の概念が動くことに気付きました。何が起きたかというと、理想通りではないことに、怒りが湧いたのです（笑）。ですから、結婚当初は気が利かないヨンソに怒りまくっていました。

私は「気が利く人」が好きだし、私のパートナーは気が利く人だと決めている。ところが、ヨンソはそうではなかった。「理想通りではない」とは、イコール「好きではない」になる。仕事においては、これでいけるわけです。「この人のこういうやり方、嫌いやわ」と理解し、その後の対処を考える。それで済ませてきたのです。

でも、恋人や夫婦関係の場合、根底では嫌いになりたくない、という感情がありま す。だから、自分の理想通りではないことに対して、何かが発動するように感じてい ます。

ですから、どういう状態が自分にとって幸せなのか、を分析すること。何が嫌か、何が嫌いかを書いた後に、「どうだったら良いか、幸せか」という理想も書いておくのが良いでしょう。

そして、自分の理想を相手に伝える時も、まあまあトレーニングというか、修行が必要かもしれない、と私は感じています。

私自身も、パートナーのヨンソに自分の理想を伝えようとする時、かなり苦労しました。自分が本当に相手に伝えたいことや、自分にとって大切な感情を言葉にする時、どうしても言葉が強くなるのではないか、と感じます。

そうすると、相手（私の場合はヨンソでしたが）は、私が「伝えたい内容」ではなく、その言葉そのもの（あるいは、雰囲気や波動）に反応してしまう、ということが多々ありました。

私が伝えたいことをうまく表現できなくて、気持ちが少し「イラっとする」ときもあります。でもそれは**相手にイラっとしているのではなくて、実はうまく言葉にできない自分自身にイラついていたりするのです。**

全然違う例えなのですが、わかりやすいので使いますね。私の孫が家に遊びに来ていて、ちょうど私の娘（彼にとってはお母さん）が出掛けていて、自宅を留守にしていた時のことです。

孫が急に「おひゅひょ」と言い出したのです。私は「ごめん、なんて言ったの？」と聞き返しました。もう一度孫は「おひゅひょ！」と言います。「え？　なんて？」と私。

それを何度か繰り返していたら、孫は「お、ひゅ、ひょ！」と怒ったように言っていました。これは、もちろん相手に伝わらない苛立ちもあるでしょうが、自分が上手に言葉にできないことへの怒りもあると思います。

ちなみに、孫が言いたかったのは「お風呂」でした。お母さんが帰ってきて、一発でわかりました（笑）。

これは例え話ですが、「言語化して相手に伝える」ということがとても難しい時があります。脳が十分発達して、シナプスがつながらないとうまくできないことなのです。だから、**パートナーに本当に伝えたいことが上手に言葉にならなかったとしても、自分自身を許してあげてください。そして、理解できない相手のことも、許してあげてほしいと思います。**

話を戻すと、**相手はあなたが伝えたいことの内容ではなく、その言い方や、雰囲気、**

波動に反応して、イラっとしたり身構えたりすることもある、ということをお伝えしたいのです。

これはまだ仮説ですが、男性は、母親の顔色をうかがってきた経験から、パートナーの顔色をうかがってしまうことが多いようです。相手が不機嫌そうだと、自分も不機嫌になってしまったり、イラっとしてしまったり。それでケンカになってしまうこともあるのではないか、と私は分析しています。

なので、**相手がイラっとしている時は、自分がそうさせているのかもしれない、と思ってみてください。だからと言って自分を責めるのではなく、自分が伝えたいことに再度集中する。**このことに、ぜひトライしてみてください。

例えば、「○○だったら良いのに」とか「○○してよ」というコミュニケーションだと、相手と衝突が生まれます。相手が料理を手伝ってくれない人だった時に「料理してくれたらいいのに！」と伝えても、相手が料理をしてくれるようになる可能性は皆無です。

意識の向け方としては「この人のおかげで、自分の好みがわかる」というイメージです。この人のおかげで、自分の理想がわかると決めています。

その上で、**こちら側が「伝えたいこと」に重心を置き続ける必要がある**と思います。相手がどれだけ言い方や表現に反応していたとしても、自分は「何を伝えたいのか」に集中します。この意識でいれば、相手と衝突することはかなり少なくなると思います。

夫婦・恋人関係のQ＆A

Q　ナナエさんが考える「パートナーシップ」、「結婚」とは、どういうものでしょうか？

A　第1章でも紹介しましたが、**私にとってパートナーシップとは、「人間関係」とほぼ同意語です。**一口に「パートナー」と言っても、多種多様、様々な関係があります。

だから、私が「パートナーシップ」という言葉を発する時には、夫婦や恋人関係に限ったことではありません。ただ、**自分とのパートナーシップさえちゃんと取れていれば、どんな人とも平和的であり続けることができるし、相手のことを許し、認めることができます。**

結婚は「概念」、あるいは「ルール」だと感じています。だから、私自身はこの概念を外しています。ただ、**ルールがあるからこそ楽しめるゲームもあります。**結婚しているからこそ楽しい、面白い経験ができると私は思っているみたいです。

Q　理想のパートナーと出会うためには、どうしたらよいでしょうか。

A　理想のパートナーと出会うためには、前提として**自分自身が自分にとっての「理想のパートナー像」を知っておく必要がある**と思います。

私は、離婚をしてからずっと自分自身には「パートナー、いる？」と反抗的に発しながら「パートナーは、いない方がいい」と思っていました。実際、いわゆるパートナー、恋人のような人がいなくても、何の問題もありませんでした。

もっと言うと、パートナーがいると邪魔とさえ思っていました。ただ、「幸せの五カ条」について考えたとき、自分自身がパートナーに関してとても意識が薄いということに気が付きました。そして、本当にこれで良いのか？　と自問自答しました。

正直、人間・ナナエとしては「パートナーなんて、いらん」と思う。でも、人には「幸せの五カ条」を書いたらいいよ、とお話ししている自分を客観的に見ると、私自身がパートナーの項目にチャレンジしないのは嘘つきだな、と感じました。だから、トライしてみることにしたのです。

じゃあ、自分の理想のパートナーはどんな人？　とイメージすると**「男前で世界規模の素晴らしい本物の旦那様と出会いました」**というフレーズが下りてきました。でも、とてもじゃないけど最初は思えない。というよりも、覚えられない（笑）。

ですから、**私はこれを何度も何度もノートに書いたり、唱えたりして、自分の身体に馴染ませることをしていきました。**潜在意識的に「パートナー、いらん」が深く入っていたので、それを書き換えるためにも、繰り返し書いたり、唱えたりをし続けました。

それを始めてから三カ月ほど経った時、「この人かな？」という人と出会いました。結果、その方とはご縁はなかったのですが、さらにその三カ月後くらいにヨンソと結ばれることになったのです。

ですから、まずは自分にとっての理想のパートナー像を描くこと。そして、それを馴染ませること。これを続けてみてください。どうやら、その理想の方と出会うまでに、最低でも三カ月くらいはかかるらしい、という実験結果が出ています（笑）。

Q　スキンシップを取ってくれないパートナーに不満があります。でも、どう伝えればいいかわかりません。

A　まずは**「自分はスキンシップを取りたい」ということを自分自身で認めてあげるだけで、何かが変わる**と思います。

その気持ちを認めるだけで、その気持ちをフラットに言葉にできる可能性がある。

私はスキンシップを取りたいと思っているけれど、あなたはそうではない、ということで良いですか？　とパートナーに聞けるようになるのではないか、と思います。

相手を責めるのではなく、ただ自分が求めていることや、違和感を伝える。でも、これは上手に伝えられない場合もあると思います。そうすると、相手は怒っているように受け取るかもしれない。そういう時は、手紙を使うのも良いかもしれません。

本当は言いたくないけれど、伝えなくてはいけないことがある時、特に女性はエネルギーを上げて伝える感じがします。それに、男性は反応することが多いような気がします。だから、肉声ではなくて手紙にした方が、少し伝わりやすいかも、です。

逆に「スキンシップを取りたくない場合、どうしたらいいか」という質問もありました。基本は同じことです。できるだけフラットに、相手に伝えること。

また、自分の心の深いところで「スキンシップを取りたくない」と自分を認めると、**さらにその奥底に「本当の理想」があることに気付くのではないだろうか、と感じます。**ある方は、「スキンシップを取りたくない」という自分を認めた時、その先に「大切に、丁寧に接してほしい」という欲求があることに気付いたと言います。

遊びのセットしてるから朝が待ち遠しい。

自分を許して、自分との統合を深めていくと、自然とパートナーとのコミュニケーションが変わっていくように感じます。相手にわからせようとして発する言葉は荒かったり、本意ではない言葉になります。でも、自分との統合を深めて、自分を許すと、丁寧な言葉になっていくと感じます。

Q「ツインソウル」、「ソウルメイト」と呼ばれるパートナー同士のパートナーシップに憧れます。私と夫は性格も考え方も意見も、何から何まで違うので、同じ道を歩める二人がうらやましいなと感じてしまいます。

A「ツインソウル」や「ソウルメイト」という方々のパートナーシップが、おそらく同じ道を歩んでいるように見えるんだろうな、と感じています。私は「ツインソウル」、「ソウルメイト」と聞いてパッと思い浮かぶのは、『楽読』の仲間でもある真渡一樹（ズッキー）と祐美（ゆみちゃん）のパートナーシップです。

彼ら二人は、顔も似ているし、同じ『楽読』のインストラクター仲間でもある。外側から見ると、めちゃめちゃ同じ道を歩いているように見えます。でも、よく話を聞いてみると、そうではないかもよ、と思ったりもします。

傍から見ると本当に、二人で一つの道を歩んでいるようにも見える二人ですが、実はズッキーにはズッキーの、ゆみちゃんにはゆみちゃんの感性がある。そして、**それぞれの感性をどう家庭で織りなしていくか、については、ものすごく努力してきたのではないかな、と思います。**

ですから、**必ずしも「ツインソウル」「ソウルメイト」だから、簡単に上手くいくということではないんじゃないか、と私は推測しています。**

第5章に、ズッキー・ゆみちゃん夫妻との対談も収録してありますので、二人のパートナーシップについても、ぜひ読んで参考にしてみていただけたらと思います。

Message 5

親は死ぬまで、子を心配するもの

次に、「親とのパートナーシップ」について書いていきたいと思います。これは、自分の親と、パートナーの親とのパートナーシップ、両方あると思います。

まず、自分の親について。これは、**親は死ぬまで「親」で、死ぬまで子どものことを心配するものだということを前提にした方が良いと思います。**私自身も三人の娘の母親ですが、未だに三人の娘と会うと、赤ん坊を見るような気持ちになることがあります。もちろん、三人ともすっかり大人で、娘たち自身が既に親になっているにも関わらず、です。

一方、私はもう五十歳を過ぎていますが、私の両親は未だに私のことを心配してい

（なんでもいいんだよ。）

ます。娘三人を連れて家を出て、夫と別れ、一人で生きていく選択をした私を見て、両親とも相当心配をしたと思います。心配をかけて申し訳ないと思うこともありました。

でも、私はそれを「ありがとう」に変える努力をしました。心配してくれてありがとう。娘の面倒を見てくれて、ありがとう。さらに言うと、今では心配させることは悪いことではないかもしれない、とすら思っています。「私が心配だから死ねない」と元気になる可能性もある（笑）、と思っているのです。

再婚後も、両親はまあまあ私のことで心配したはずです。何しろ、実の娘とその旦那の殴り合いのケンカを目の当たりにしたりしていますから（笑）。だから、今も両親に電話すると「ケンカしてないか〜？　仲ようしてるか〜？」と、冗談半分で聞いてきます。

「心配させて悪い、申し訳ない」というエネルギーの使い方ではなく、両親にとって

（　　切り替わるね。　　）

は、私という心配する対象がいるから元気になる、と意識を書き換える努力をしたのです。結果、今のところはその通りに進んでいます（笑）。

親との関係において私が大切にしているのは「言ってわからせる」ことをやめること。自分のしたいことや考え、意見を話してわからせるのではなく、**実際に取り組んで、結論を出して見せる。**私はそういうやり方を採っています。

例えば、私の場合、離婚をして、自分で仕事をして、娘三人を一人で育てると決めました。でも、このことについて両親を言葉で説得するようなことはしませんでした。ただ、実際に行動で見せる。それだけでした。

先に書きましたが、親というのは子どもを心配するものです。これはおそらく、死ぬまで続くと私は見ています。とするならば、言葉で説得しにかかるより、行動・現実を見せるしかない。私はそう思っています。

自分の親と価値観や考え方が合わず、ついケンカしたり、仲違いしてしまう、ということもあるのではないか、と思います。これは、親子だからこそ辛いというか、難しいのではないか、と私は感じます。

まず、**価値観の違いは「普通」のことだと、私自身は受け止めています。**価値観の違いは、いつの時代にもあったのではないか、と私は思っています。ただ、価値観を「ルール」にして、それで誰かが誰かを支配しようとしていた空気、あるいは時代背景があったのではないかな、と感じます。

これからの時代はどうなるかと言えば、価値観で人を支配することはできなくなっていくでしょう。これからは、今まで以上に無理になると感じています。言い換えると、**違いを認めて、理解し合い、尊重し合う努力をすること。これが、これからの時代に必要な意識だと思います。**

もちろん、親があなたの価値観を尊重してくれない、というケースも出てくるでしょう。その時もあなた自身は、目の前の人の価値観を尊重してあげてほしいと思います。

ただし、合わせにはいかない。**「自分が自分の価値観でいて、調和する」と決める。**その状態でいることが大切ではないかと思います。どんな調和点が見つかるかは、わかりません。でも、**必ず調和する、上手く行くと決めておいてください。**

Message 6

義理の家族や親族のことも、自分自身とのパートナーシップから始まる

親とのパートナーシップという意味では、自分の親ももちろんですが、パートナーの親との関係性や、義理の家族や親族とのパートナーシップもテーマに上がるところだと思います。

この本の内容は全てそうなのですが、特に、今から書く内容はあくまでも「私はこうした」というものです。第5章には、さまざまな家族におけるパートナーシップ事例も紹介していますので、参考にしてみてください。**それが「良いな」と思えば、やってみてください。「違うな」と思ったら、絶対に真似しないでください。全ては、あなたの中に答えがあります。**あくまでも、これは私がこうしてみた、というお話です。

私の場合、自分自身との対話を続けた結果、パートナーの親のことはパートナーに任せる、と決めました。つまり、ヨンソの両親のことはヨンソが何とかする、というスタンスを見出したのです。

実は、パートナーの親のことはパートナーが一番よくわかっているはず。何しろ、産んでくれて、育ててくれた親なわけですから。だからこそ、私はヨンソを信頼して、ヨンソに任せる、と決めて託したのです。

再婚当初は、「自分が何とかしないと」という考えがありました。嫁として、パートナーの親との関係を良好にしないと、という概念がありました。でも、それは私が頑張りたいことではなかった、と今は感じます。**「頑張る」「無理をする」という意識が働いたことで、事態はより良くない方向に進んだように感じました。**

ある時、私には私の親とのコミュニケーションがある、ということは、ヨンソにはヨンソの親とのコミュニケーションがあるはず、と気付いたのです。だから、私がヨンソの親との関係構築について、下手に動くのは良くない。直感的にそう感じたのです。

そうすると、私はヨンソを信頼して見守るという状態になる。そして、私は勝手にヨンソとヨンソの両親が幸せである、必ずそうなる、とだけ決めました。そして自分自身は「無理をしない」という方向にギアを入れ直したのです。

もちろん、最初の頃は気持ちが揺らぐこともありました。特に女性の場合、「嫁なんだからこうしてほしい」、「こうすべきだ」といったことを言われたり、言われないまでも、念のようなものを感じ、それに影響を受けることも多々あるでしょう。こういう時も、**合わせるべきは自分自身。自分が何を願い、何を理想としているかにフォーカスし続ける。**このことに取り組んだのです。

無理をして合わせようとすると、自分自身だけではなく、家族も、実は仕事も、何もかもがダメになる。だから、私は自分自身に合わせる。パートナーの親との関係は、パートナーが何とかする。私は、みんなが幸せになる、ということだけを決めました。そうすることで、物事がうまく回りだした。そんな気がしています。

繰り返しになりますが、全ては、あなたの中に答えがあるので、義理の家族との関係も、自分自身とのパートナーシップから始まります。

第5章には、さまざまな家族におけるパートナーシップ事例も紹介していますので、参考にしてみてください。

親との関係に関するQ&A

Q　自分の親と仲が良いわけでも、悪いわけでもありません。ただ、下手をすると二年くらい連絡を取らなかったりします。こんな自分は親不孝者なのかと思ってしまいます。

A 「便りがないのは良い便り」という言葉をふと思い出しました。親子関係にせよ、何にせよ**「こうあるべき」というものはありません。**お互いにそれが心地良いのであれば、それで構わないと思います。

私の場合、親にしてあげたいことをスケジュールに入れています。私が親にしてあげたいことと言えば、例えば、食事に連れて行ったり、誕生日や結婚記念日にプレゼントをすること。

これを覚えていようとしても、仕事をしていると忘れてしまうこともある。なので、スケジュールに入れておきます。私はスケジュールを一日に何度も見る人なので、見れば思い出せる。そうすると、誕生日や記念日が来る前に、あらかじめプレゼントが届くように手配しておく、といったこともできますから。

Q　自分の親が、自分のやりたいことや挑戦したいことに全て反対してきます。何度か説得しようと思ったのですが、上手くいきません。どうしたら良いのでしょうか。

A　本文中にも書きましたが、**「親」は死ぬまであなたの親です。死ぬまで、あなたのことを心配し続けると思います。**これは良い・悪いではなく、そういう性質を持っているものです。それを理解した上で、**私なら「現実・結果でわからせる、伝えることをすると思います。**

実は私の両親は以前「ナナちゃん、これ以上事業を大きくしない方が良い」と言っていました。でも、私は大きくすることを決めていた。

ここで「いや、私は事業をもっと大きくするんだ」と言うと、親と衝突します。だから、私は「そうか、お父さんとお母さんはそう思うんだね」と聞いているふりをしました。その上で「なぜ、そのことを言ってくるのか」は受け取っている。なぜならば大切に思ってくれているから。「事業を大きくするな」という**「反対しているこ**

と」ではなく「大事に想うからこそ、心配してくれている」という応援のエネルギーを受け取るように意識していました。

言い換えると、親の存在・言動そのものをあまり見ていない感じです。どんな現れだろうと、奥の方に私を大切に思っている想いがある。その想いを感じると衝突は減らせるのではないか、と思います。

ただし、これは一緒に住んでいたり、ずっと近くにいてもできるかどうかは「?」です。

ずっと近くにいれば、やはり親の影響や波動を受け取ってしまうことが多いかと思います。ひょっとすると、距離を置いた方が、これはやりやすいかもしれません。

Q　パートナーの親が持っている「嫁なんだから○○すべき」、「嫁として○○であってほしい」という想いに従わなければならない、というプレッシャーを感じます。でも、私はそういう嫁にはなれないし、なりたくありません。その狭間で苦しんでいます。

A　パートナーの両親が「嫁なんだから○○すべき」、「嫁として○○であってほしい」と思うことは、ある種仕方がないことだとも思います。そして、**そのプレッシャーを感じるということは、「理想の嫁になれないことが悲しい」という気持ちがあるのかもしれない、と思います。**

私も、再婚してしばらく経って、パートナーの親が願う理想の嫁にはなれないと痛感しました。そこで、そのパートナーの親を嫌いになれたら、案外簡単で辛くなかったかもしれない。実は嫌いになれないから、辛かったり、苦しかったりする。

なので、**私はパートナーの親に「ごめんなさい」と心の中で手を合わせて、自分自身を生きることに集中しました。その上で、自分自身がパートナーの親も大切に想っている、ということを認めました。**

（美味しいもの食べて、気分ウキウキ。）

自分が、パートナーの親を大切に想っていることを知り、認める。そうすると、少しずつそれが伝播していきます。そうすると、その波動がいつか相手に届いて、世界を変えます。**無理に何かを変えようとしなくて良いです。変えようとしなくても、いつか勝手に変わっていく。**そう決めておくことが大切です。

パートナーの親に対する自分の想いに気付き、大切にして生きる。そこに意識を向ける。そうすると、**「理想の嫁になれなくてごめんなさい」が、愛のエネルギーに代わります。**ぜひ、実践してみてください。

Message 7 経験・プロセスにこそ、価値がある

私が「子ども」という名称、あるいは呼び方を使う時、それは多くの方が考える「子ども」という概念とは異なっているように感じています。

どういうことかと言うと、**私は子どもを一人の人間として、さらに言うと、自分よりもレベルの高い人だと思って見ています。**本能的にそう思ってしまう。なので、**子どもを見ると「天才!」と言いたくなってしまいます。**

なぜ、そう思うのか。分析してみると、自分の子どもは自分のDNAと、パートナーのDNAの両方を併せ持って生まれている。ということは、その時点で能力的に自分以上であるはず、と思っているようです。これはもう、論理的にそうじゃないか、

と思っているのです。

さらに、私自身が目の前にいる人を尊重したい、という想いが強いからかもしれません。目の前にいる人、子どもの意見や想い、考えを尊重したいと常々思っている。これもあると思います。

なので、子どもとのパートナーシップを考えると**「子どもの幸せを願っている」という言葉が第一に出てきます。**これは大人に対しても同じですが、目の前にいる人の幸せを願う。それが私にとっては自然体です。

子どもの幸せとは何か？　と考えると、「経験に価値がある」という想いに行き着きます。これは、ありとあらゆる経験です。**極端な話、「痛い」も「苦しい」も、「悲しい」も、全てひっくるめて、価値のある経験。**私はそう考えています。だからこそ、その人の経験を邪魔したくない、という気持ちになります。

次に、**「親は未熟者である」という認識を持っています。**私たちは、ある意味死ぬまで未熟者です。伸びしろがあり続けるからこそ、この世を生きる価値がある、と私は信じています。ですから私自身、つまり親は不十分な存在である、未熟であると認識して、子どもたちとコミュニケーションを取っています。

娘たちはどう思っているかわかりませんが、私は彼女たちを尊敬しています。だから、普段から「わー、すごい〜」と言ったりする。そうすると、本人たちから「出た、親バカ」とツッコミが入る（笑）。私と娘たちで言うと、そういう関係性です。

私は、娘たちのおかげで自分が幸せでいられる、ということを認識しています。娘たちが存在しない人生は、全く想像がつきません。もし、私に娘たちがいなかったとしたら……相当　自分の実力を発揮しなかったのではないか、と思います。

何度もご紹介していますが、私は約三十年前、三歳、二歳、一歳の娘たちを連れて家を出て、一人で彼女たちを育てていくという決心をしました。

（　目の前のことに感謝。　）

娘たちを守るため、自分で仕事をしなければならない、稼がなければならないという窮地に追い込んでくれたからこそ、火事場の馬鹿力が出せた。**ある意味、彼女たちは私を「追いつめてくれた」存在。娘たちのおかげで成長できたし、今の私がいます。**

子育てに関して言うと、今の親たち、特にお母さんたちは膨大な情報の中にいるのだろうな、と感じています。私が子育てをしていた頃よりも、現代は情報が増えている。育児書やテレビはもちろん、ウェブサイトやYouTubeもある。さらには自分の親や、それこそパートナーの親から何か言われたりすることもあるでしょう。

そういうお母さんたちに私が伝えたくなるのは「情報は確かに多い。でも、情報は選ぶことができる」ということ。自分にとって、気分が良くなる情報、楽しくなる情報を選んで、見たり、聞いたりしてほしいと思います。

「あなたが気分のいい状態を保つこと以上に、大切なことはさほどない」。『引き寄せの法則』に登場する宇宙意識体、エイブラハムはこんなことを言っています。

何が正しいか、何が間違っているか、どうしたら上手くいくか……。そういうことにフォーカスするよりも……もちろん、それで気分が良ければそれで構わないのですが、そうでないとすれば、**自分の気分が良くなる情報を選ぶこと。ここに集中してほしいと思います。**

子どもとの関係に関するQ&A

Q　子どもの自由にさせたい、想いのままに行動させたいという気持ちの半面、あまり自由にさせてしまうと「しつけ」が身につかないのではないか、という心配があります。

A　子どもは脳が柔らかくて、実は、**両親がしていることを全て見て、学んで、自分**

の脳みそにインプットしています。言い換えると、**子どもは親が「言ったこと」でも「しつけたこと」でもなく、今、実際に「やっていること」を見て、それをそのまま
するようになります。**

例えば、私は娘たちが小さかった頃、洗濯物をタンスにきちんと入れるようにしていました。でも、思春期だった頃の娘たちは部屋をとにかく散らかしていた。当時、「この部屋はゴミ箱か！」と何度も怒鳴ったのを覚えています（笑）。

そんな娘たちが成長し、親になり、今どうなっているかというと、タンスに洗濯物を畳んできちんと入れているのです。そう、昔ナナエがそうしていたように。子どもの頃、あれだけ部屋を散らかしまくっていた娘たちが、です。そのくらい、子どもたちは親のことをちゃーんと見ています。そして、親がしていた通りのことをするようになります。

だから、**言葉で言って聞かせることには、あまり意味がないと私は思います。親が、**

ある意味無意識にしていることが、そのまま子どもたちの「しつけ」になる。私はそう感じています。言い換えれば、**「子どもをどうしつけるか」よりも「自分がどう生きるか」の方がよほど大切だということです。**

Q　息子がとても甘えてきます。甘えられるのも今のうちだけだから、甘えさせてあげたいと思う気持ちもある一方で、いつまでも甘やかしていて大丈夫だろうか……という想いもあります。

A　**子どもたちはとても親想いで、親が望む通りの姿を演じてくれる。これが私の持論です。**

あるお母さんから、こんな相談を受けました。「六歳の息子が、自分で服を脱ぎ着せず、自分に着せてもらおうとする。甘やかし過ぎかなと思うけれど、ついやってしまう」と。

これを受けて私は**「自分の中に『甘えてほしい』という気持ちはありますか？　ないですか？」と聞きました。**「甘えさせてあげたい」ではなく、「甘えてほしい」です。するとそのお母さんは「甘えてほしいと思っている」と答えたのです。

子どもはとても純度が高いので、親が言葉にしていない想いをも察知して、それに応えてくれようとします。子どもが甘えてくる、という親の心のどこかには、「甘えてもいいよ」ではなく「甘えてほしい」という想いがある可能性が高い。その波動が、子どもに「甘えてあげないといけない」と思わせているのかもしれません。

甘えてほしい自分がいることがわかれば、後は自由に選択できます。「今は甘えてもらおう」でも良いし、「そろそろ自立させてあげよう」でも良い。そう、**全ては自分が創り出しています。これは、誰とのパートナーシップにおいても同じことです。**

Q　夫が仕事で忙しく、ほぼ一人で子育てしています。そのため、子どもの前でつい夫の悪口を言ってしまいます。子どもにはお父さんを尊敬してほしいのですが、そうならないのではないかと心配しています。

「子どもにお父さんを尊敬してほしい」と思う前に、**あなたがパートナーを尊敬していますか？　と聞きたくなります。**繰り返しになりますが、**子どもは残念ながら、見たままのものを学びます。**もし、あなたがパートナーを尊敬しているフリをしたとしても、それは子どもには確実にバレています。

子どもが、とか、パートナーが、とかの前に、**「自分がどうありたいか」を意識する必要があると感じます。自分が自分の理想を生きられていない状態だと、どうしても誰かに対する不満が生まれます。自分が理想とする生き方に集中すると、何かが変わるはずです。**

ぜひ、自分で自分を幸せにしてあげることに取り組んでほしいと思います。小さなことで良いので、自分は何をしている時に幸せを感じるか、を知っておく。そして、その時間をできるだけ増やす。それだけで、見えてくる世界は変わります。

（　ワクワクすることは何？　）

「それは理想論だ」とか「子育てをしていると、自分の時間なんて作れない」と思う方もいるかもしれません。でもそれは、少々キツい言い方になりますが、**「今はそれを選びたいんだね」と感じます。**

これを読むと、人によっては不快に思ったり、腹が立つ方もいると思います。決してそれが悪いとは思わないし、実際に、いろいろな事情もあると思います。でも、私が繰り返しお伝えしたくなるのは**「全て自分が選べる」し、「全て自分が創り出している」**ということ。

できても、できなくても構いません。完全に、ではなくても大丈夫なので、少しずつ、できる範囲から、**自分で自分を幸せにしてあげる、満たしてあげることにトライしてみてほしいと思います。それだけで、あなたが見る世界は本当に変わっていきます。**

例えば、大好きな高級プリンを一つ自分に買ってあげる、とか。そんなことからでも良いのです。ぜひ、やってみてください。

Q　障害を持って生まれてきた子どもに対して「自分が何とかしてあげないと」と思ってしまいます。

A　目の前の出来事、現象を見て、そう思ってしまうんだろうな、と感じます。そういう状況にいるとしたら、自分ができることを精一杯やろうと思うだろうなとも思います。

私なら、その子と一緒に「自分はどんな経験をしたい?」「どんな経験をするために、私は生まれてきたの?」と、自分に問いかけると思います。この質問を、自分自身に問い続けます。そして、自分の深いところから出てきた答えを基に、その子とコミュニケーションを取っていきます。こういう親子関係だからこそ、できることがあるように私には感じられます。

こういう経験をされている方は、実は多いのではないかと思います。「こんな風に生んでしまってごめん」と、無意識に自分を責めている方も、ひょっとしたらいるかもしれません。でも、何度でも言います。**経験、プロセスに価値があります。あなたが今経験していること、そのものに大きな価値があります。**

もう一度言いますね。**自分自身に対して、「自分はどんな経験をしたい?」「どんな経験をするために生まれてきた?」と、丁寧に聞いてあげてください。その答えが、あなたがその子と一緒に経験したいことである可能性が高いです。**

「家族とのパートナーシップ」のまとめ

【つまづきやすい原因】

親や子どもに合わせようとしてしまう。

【うまくいくヒント】

- 自分自身は、自分の理想の状態にフォーカスし続ける。
- 「頑張る」「無理をする」ことをやめてみる。

（周りではなく自分に集中。）

【人生を変えるワーク】

□「言ってわからせる」より「行動・事実でわからせる」を意識してみましょう。
□「嫁だから○○」、「親だから○○」という固定概念を手放して、理想を描きましょう。

（ 自分の喜びを味わう。 ）

第3章

仕事上のパートナーシップ

Message 8

全て一人で仕事ができるという人は、いない

続いては「仕事上のパートナーシップ」です。

仕事に関して言うと、どんなに一人で何でもできる人、完成されているように見える人であっても、完全に全て一人で仕事ができている人は、皆無ではないかと私は感じています。

なぜなら、仕事をする上では一緒に仕事をする仲間がいたり、自分が提供する商品やサービスを買ってくれるお客様がいたり、という関係性の中で成り立つことがほとんどだからです。

一般的には、ここで挙げている「上司」や「部下」、あるいは「顧客」との関係性を「パートナーシップ」と捉えることは少ないかもしれません。**でも私は一緒に仕事をしている方々と、それぞれに「パートナーシップ」を築いているという感覚を持っています。**

そして、仕事上のパートナーだからこそ、夫婦間、あるいは親子間とは違う悩みや、課題を抱えている方も多いのではないかと思います。そのあたりも紐解いていけたらと思っています。

また、私は女性であり、母親でもあり、経営者でもあります。仕事と家庭、子育てのバランスで悩む女性も多いのではないかな？　と感じています。「パートナーシップ」という意味合いとは少し違うかもしれませんが、そのあたりも触れていきたいと思います。

これも繰り返しになりますが、これから書いていくのはあくまでも私の考え方だし、私のやり方です。完全に偏っている、と自分でも思います。なので、全てが皆さんに当てはまるものではないだろうとも思います。ぜひ、「ナナちゃんはそう考えるんだね」と思って、読んでいただければと思います。

私の場合、「上司」と言われる人と仕事をした経験は、二十代〜三十代の頃にしかありません。**私にとって「上司」とは「その会社のことを、私よりも先にその人なりに知っている人」という定義をしています。**なので、「上司だから偉い」「上司だから敬う」という考え方はありません。**上司であっても人間的に尊敬できる人、あるいは好きな人を探して、その人と一緒に仕事をしようとする、という発想になります。**

でも、二十代〜三十代の頃を振り返ると、尊敬できる上司は極めて少なかったと思います。経営を始めてからも、私が尊敬できる経営者はとても少なかった。唯一と言えるくらい尊敬できる経営者が、バリ島の丸さん（丸尾孝俊さん）だったかなという感じです。

では、それ以外の上司や経営者を私がどう見ていたか。それは「反面教師的」に見ていた感があります。「その態度、無いな〜」とか、「それされると、疲弊するな〜」とか、そんなことを感じていました。

でも、**「嫌」がわかれば、「好き」がわかる。それが「反面教師的」の意味です。**嫌なことがわかったら、私が一般的に「上司」と呼ばれる立場になった時には、これをやらないでおこう、と決めておく。そういうことです。

もう少し話を進めると、**私が人間的に好きな人と、成果を出す方法を知っている人は別、**ということもあります。成果を出している人を見ると、それだけの能力というか、理由がある。そこから盗めるものは盗んだけれど、人間的にどうかと言えば「ないな〜」と思ったりしていました。

私が嫌いなのは、一言で言えば「優しくない人」です。私が仕事を始めたのは二十歳そこそこの時。しかも、娘を三人連れたシングルマザーです。その私に対して、優しくできない人は「お前、終わってるな」と思っていました。なぜか上から目線で、です（笑）。

三人の子どもを連れた二十歳そこそこのシングルマザーが、一生懸命仕事をしようとしている。それを見て、どう感じるか、です。その人の状況や環境、思っていることを完全にわかる必要はありません。わからなくても良いけれど、わかろうとする、「この子は頑張ろうとしてるんだな」と思うかどうかは、とても大切なことだと私は思います。そして、その想いは必ず相手にも伝わります。

ですから、尊敬できる人を探して、その人と仕事をする。私はそれを意識的にやってきたように思います。言い換えると、自分が好きではない場所でも、自分のスペース、空気感をキープして働く、もっと言えば、そこで生きることを楽しめるように努力していました。

（ 全て自分が創り出せる。 ）

Message 9

「新しい人」だから気付けることがある

続いて、「部下」と呼ばれる方とのパートナーシップです。ただ、**私の中に「部下」という概念がありません。言葉にするとすれば「新しい人」として見ています。**後から私の職場を知った、新しい人。新しい人は、職場や仕事のことがわからない。だから、わからないことを教える、お伝えするというスタンスです。

ただ、本人がどれくらい学ぼうとしているか、もっと言えば、学ぶ気があるかどうかも、本人の自由だと思って見ています。わからないことは、お伝えする。でもそれは「こうしなさい」ではなく、「私はこうしてきたよ」ということをお伝えしている感じです。

新しい人に「やり方を伝える」「成功させようとする」というのが、私の考える優しさです。でも、優しさを履き違えている人は、「やり方」や「テクニック」をめちゃくちゃ手取り足取り教えようとします。これは、うちの職場ではよくある話です(笑)。優しい人が多いので、一から十まで教えようとする。でも、それは私に言わせれば本当の優しさではない、と思います。

私自身もこんなことがありました。二十代で仕事を始めた当初、心配してくれるからこそだとは思うのですが、ものすごくアドバイスをしてくれる上司がいました。その人と一度電話をすると、軽く二時間はしゃべり続けている。もちろん、仕事のアドバイスです。その人に愛情があるのはわかります。でも、その上司との電話を終えた後、ぐったり疲れている自分を感じた時、「全然あかんやん」と思うわけです(笑)。

ナナエが考える本当の優しさは、「聞きに来るようにする」ことです。聞きに来ないということは、そのくらいのやる気なんだな、と判断しています。良い・悪いではなくて、そういう状態、レベルなんだな、ということ。そう理解して、その人とどう関わって仕事をするかは、私が考えます。

もちろん、その人にはやる気がないわけではなく、ナナエが怖いのかもしれないし、遠慮しているだけかもしれない。でも、ナナエにとっては「聞きに来ない」が現実です。

冷たいようですが、**自分の仕事の仕方は、自分で考えたら良い、と私は考えています。**どういうやり方でも良いし、どう進めていっても構わない。もし、わからないことがあるならば、詳しい人に聞いても良い。ただ、「わからないことがあったら、詳しい人に聞いても良い」ということを知らないというか、わかっていない人は案外多いかもしれない、と思います。だから、「わからないことがあったら、聞いて良いんだよ」とお伝えすることは必要そうだなと感じています。

私が「新しい人」とどういうコミュニケーションを取っているかと言うと、**新しい人のことを知ろうとするコミュニケーションを取っています。**人は全員顔立ちも、生い立ちも、性格も、感じ方も違う。ということは、私にとって、今までとは違う、新しい感覚、感性を持っている可能性が高い。

だからこそ、**「新しい人からどう見えているか?」を聞きに行くことが多いように感じます。**私の場合、長いこと『楽読』という速読のスクールをビジネスとして展開してきましたから、スクールやレッスンなどについて「もっとこうしたら良いのに、と思うことある?」と聞く。

長いこと、同じ職場や組織にいたり、同じ仕事をしていると、段々と目が慣れ、妥協が出て、今が一番良いように見えてきます。これまでこのやり方でやってきたから、これが良いんだと思い込んでしまう。でも、**新しい人から見ると、違うものが見えている可能性があるのです。**

新しい人には、新しい人ならではの、やる気があります。あるいは、その人の感性もあるし、希望もある。その人が「どうしたら、もっと良くなるか」と思って物事を見ると、改善点が見つかる可能性は高いと思っています。

私は聞くのが趣味なので（笑）、新しい人に「さらに良くなりそうなところ、ある？」とよく聞きます。そうすると、多くの人が「いや、まだ入ったばっかりなんで」という枕詞を使います。おそらく「新人のくせに」とか「何もわかってないくせに」とか、言われたことがあるのか……新人が思ったことを言うのは良くない、という概念があるのでしょう。なので、私は「入ったばっかりだから、何？」と聞いたりします（笑）。

「新人だから」、「何もわかっていないから」こそ、見える、気付けることがある。だから、新しい人に聞く。この文化、感覚がRTHグループにはもちろん、社会全体にもさらに広がっていくと良いな〜、と私は思っています。

Message 10

同僚とは、本音で言い合えるからこそ磨き合える

私にとって「同僚」は「同じ頃に、同じ仕事をスタートした人」。おそらく、同僚だからこそ刺激し合える、高め合える、学び合える、そういう関係性があるのではないかなと思います。そして、**その大前提にあるのは「本音が言い合えること」。本音が出せないと、磨き合いも学び合いもない。**そう感じます。

私が仕事を始めた頃には、同僚を見て「好きじゃないな」と思うことがよくありました。「無理」、「できない」を連発する同僚を見て「私、その言葉好きじゃないな」とか、「無理っていうから、無理になるのに」と思っていました。

この本では繰り返し書いていますが、**自分に嫌なものを見せてくれる人は、自分が**

好きなものをわからせてくれる人です。たぶん、皆さんの周りにも、耳にしたくない言葉が飛び交っている場があるのでは、と思います。自分が嫌だな、聞きたくないなと思う言葉は、自分が「どういう言葉を聞きたいと思うか」を理解するためにある。そう捉えて学ぶ意識を持つと、物事の見え方が一八〇度変わります。

私の場合、「無理」「できない」を聞きたくなかったから、「やれる」「大丈夫」「イケてる」という言葉を聞きたいのだとわかった。だから、人を認めて、自分も人から認められる社会を作りたいと思って、『楽読』という会社を作りました。

次に、**仲間の志を聞いて、知ることをしています。**私自身は一緒に仕事をしている全員を同僚、同志だと思っています。なので、その人が何を志しているのかを知りに行く。

一緒に仕事をしている仲間が落ち込んだり、逃げたくなっていたり、めげている時。それはそれで良いんです。でも、そういう姿を見ていると「あなたのミッションは何?」と聞きたくなる。そうすると、落ち込んでいた本人が言い訳できなくなる（笑）。**自分のミッションから現状の自分を見ると、落ち込んだり、逃げたりできなくなります。**

さらに、**その人の「ミッションに基づいた目標」もよく聞きます。そして、その目標を達成するために、私ができることは協力する。**

その人のミッションを聞いて、自分との共有点、共通点が見つかったとします。というより、私が出会っている人とは、だいたい何かの共有点が見つかります。その場合、**その人のミッション、志を実現すること自体が、結果として私自身のミッション、志を果たすことにつながります。**だから、その人が果たしたい役割、ミッション、取り組みたいことを常に聞いて、協力したくなる性質が、私にはあるようです。

Message
11

本気で意見を打ち合えるパートナーがいれば、事業は成功する

私にとって、本音や想い、志、夢などを遠慮なく出し合える、言い合える仲間は非常に大切です。こういう存在こそ、私にとっては「ビジネスパートナー」です。

ビジネスパートナーとのパートナーシップで何に価値を置いているかと言うと、**「遠慮なく、本気で打ち合いができること」**だと思います。仕事で私が感じるストレス、上手く流れていないもの・こと、違和感。こういったものを、相手の顔色を気にせずに完全に出し切れること。私にとって、これが非常に大切なのです。

私が仕事でストレスを感じるということは、必ずそこに何らかの改善点があるということ。何事も「すべて良くなるために起こっている」と捉えているので、ストレス

や違和感は大いなるヒントです。これを吐き出そうとしている時に、わかろうとしてくれているか、聞こうとしてくれているか。あるいは、何か新しいものを生み出そうとしている時も、同じです。

ストレスや違和感にしろ、新しいアイデアにしろ、上手く言葉にできないことが多い。私の感覚では、言葉にできるということは、外に出せる、ということと同じです。でも、外に出せない、生まれたて、あるいは、まだ生まれてもいないようなものを出して、それについて話し合える相手がいると、物事はグッと先に進む。そのために、ビジネスパートナーが必要なのです。

相手が出そうとしていること、私の言い方だと「音」になりますが、**この音を丁寧に聞く。その上で、絶対に相手に合わせない。**これが、この関係性においては極めて重要です。相手の話をちゃんと聞いて、感じて、打ち合う。それはお互いに、です。

私のストレスや違和感、言葉にならないアイデアを出す。それを相手は耳を澄まして聞く。逆に、相手も同じように出す。私も、真剣に聞く。これがやり合える仲間がいるとしたら、それは大きな財産です。こういう存在がいるかどうかは、事業を成功させられるかどうかに大きく関係してくると思います。

私の場合、こういうビジネスパートナーが十人くらい、チームとして存在してくれています。だからこそ、ここまで事業を発展させてこられたと思います。彼ら、彼女らには本当に感謝です。

もし今、あなたの周りに何でも話せるビジネスパートナーがいない場合、内なる存在に聞いてみてください。「誰に話せると言っている？」と。質問を投げかければ、内なる存在は必ず答えてきます。「誰に話したらいい？」と聞いて、内なる存在が「この人」と言ってきた人にアクセスすると、何か感触があるはず。それを繰り返してみてほしいと思います。

もう一つポイントを挙げるとすれば、本気で求めること。自分には何でも話せるビジネスパートナーが必要だと思うならば、そのことを本気で求めること。そうすると、そういう人が現れる、あるいは、身の回りにいる人がそうなっていくような現象が、不思議と起きてきます。

Message 12
お客様は仲間。その仲間のために動くのがビジネス

「顧客とのパートナーシップ」。このフレーズを見ると、多くの人は「ん？」と違和感を覚えるかもしれませんね（笑）。ひょっとしたら、世の中にはあまり存在しない概念なのかもしれません。

私は、顧客を「お客様」として捉えない、お客様扱いしない意識があるように感じます。顧客イコール「仲間」。商品やサービスを買ってくれるというよりは、私の思想や考え方に共鳴して、それを買ってくれる仲間、という感覚で捉えています。

なので、**私がいつも意識しているのは、どうしたら仲間たちの役に立てるか。どうしたら仲間たちが喜んでくれるか。**言い換えれば、仲間たちのために自分には何がで

きるか。そういうことにフォーカスしています。

さらに、仲間たちが笑顔でいてほしい、幸せになってほしいと願っている私がいる。仲間を笑顔にしようと動いた結果、それがビジネスになっているという感覚です。だから、顧客にどうお金を出させるか、どう奪い取ろうかという発想がないのです（笑）。

顧客=仲間と捉えると、クレームは仲間からの声です。自分の気が付かなかった改善点を「わざわざ指摘してくれた」ということになります。

なぜそう思っているか、を自分の中に聞きに行くと、私の根底に「感謝」や「応援」のエネルギーがあるのを感じます。応援してくれてありがとう、商品（あるいは思想）を買ってくれてありがとう。仲間になってくれてありがとう。言いにくいこと、こちらが気付かないことを指摘してくれてありがとう。そんな気持ちであるように感じます。

ですから「顧客とのパートナーシップ」とは書きましたが、「顧客だから○○」と特に意識することはなく、**仲間を大切にするという意識でい続けることに集中しています。**

仕事と家事、育児を両立するには

これは「パートナーシップ」とは厳密に言うと違うかもしれませんが、多くの方から「仕事と家事、育児の両立に悩んでいる」という声をいただいたので、私が取り組んできたことを書いていきます。

私の場合、娘が三人いる状態で仕事をしていました。シングルマザーでしたから、私が稼がなくては、という想いが強く、意識としては仕事に集中していた。だから、**家事・育児は「できる範囲で」という意識があったように感じます。**

未だに娘たちは「ナナちゃんは、何もしてくれなかった」と言います。私も「ですよね」と思っています（笑）。ただ、自分の中で最低ラインは決めていました。最低、これだけはしておかないと、私が後悔する、という線引き。当時の私にとって、それは「娘たちに食べ物を用意しておくこと」でした。

繰り返し書きますが、これは当時の私が「これは最低限しておかないと、後々自分が後悔するだろうな」と思ったことです。だから、その他のことまでは手が回らない。なので、当時の娘たちにとっては「体操服が洗われてない！」なんてことがざらに起こるわけです。その状況で子どもたちはどうしたかと言うと、自分で何とかすることを覚えてくれたのです。

ということは、当時の私が育児書なんて読んだら、かなりショックを受けたでしょうし、自己否定もしただろうなと思います。だから、**とにかく自分を肯定することを続けていましたし、今も続けています。特に当時は、自分ができる範囲で家事、育児をすることを許容していました。**

どれだけ周りの人が「お前、最低な母親や」と言ったとしても、娘たちが「ナナちゃん、最悪」と言ったとしても、私は自分に「よくやったね」と言い続けています。自分なりに、よくやったと認めることを意識しています。

言い方を変えれば、自分で自分が納得できることをする。あるいは、今はできていなくてもいい。どれだけできれば納得できるかを自分の中を見に行く。その時に出てきたものが、自分の本当の理想になります。

自分の理想を認めれば、現実化に近付く

仕事と家事の両立についてもう少し書くと、私は単純にラッキーだったな、と感じることが多々あります。例えば、私の母親が娘たちの面倒を見てくれたこと。これがなかったとしたら、と仮説を立てると、まあまあキツかったかもしれません。

当時の私が最も大切にしていたことは「稼ぐ」ことでした。そのことを、どれくらい認められるか。当時の私は、そのことを自分の深いところで認め続けていたと思います。言い換えると、**自分が何をしたい人か、何をしたくない人かを認めること。**それができると、自分の理想通りになっていきます。

私自身のことで言えば、色々な経験を経て「料理はあまりしたくない人」だとわか

りました。そして、それを認めました。結果、どうなったかと言うと、『楽読』の仕事を始めた頃には、娘たちはみんな家を出ていたので、娘たちに食事を用意する必要はありません。私はと言えば、毎晩九時頃まで仕事をして、その後ミーティングを兼ねて居酒屋に行く毎日でした。今は、パートナーのヨンソが食事を作ってくれる。なので、かれこれ二十年以上包丁を持っていないと思います。

これは、**自分が「料理は好きじゃない」を認めたからそうなったのです。でも、多くの人は「好きじゃない」を認めつつも、「やらなければならない」「やりたくないからやらないなんて、そんなこと許されるわけがない」という想いが強いように感じます。**

もちろん、そうかもしれません。でも、宇宙経営的に言えば、目の前の現実を創り出しているのは自分自身に他なりません。どういう現実を創りたいのか。どういう状態が理想なのか。ぜひ、理想を書き出してみてほしいと思います。

もし、今が「好みではない状態」にあるとすれば、それは「妻・母はこうしないといけない」を受け入れてきた結果だと感じます。キツい言い方かもしれませんが、受け入れたら、そうなります。良い・悪いではありません。時代背景も確かにあったと思います。でも、全て塗り替えることができると言いたくなります。

ただし、「すぐに」ではない可能性はあります。人体実験の結果、**現実は「すぐに変わる」というより「気付いたら変わっている」という印象があります。**

家事、育児とは違う例ですが、わかりやすいので紹介します。ヨンソは、以前花粉症でした。「でした」というのは、今はもう違うからです。花粉症であることを受け入れていた頃は、症状が出る前から注射を打ったり、薬を飲んでいたのだそうです。

そのことに気付いたヨンソは「自分は花粉症である」ことを受け入れないことに決めたそうです。一年目は、えぐいくらい鼻水が出て、涙もボロボロ流していました。周りの人はそんなヨンソを見て「花粉症ですか？」と尋ねます。でも、ヨンソは「違

（　波動は穏やかかな。　）

います！」と力強く答えるという（笑）。そんなやり取りが繰り広げられていました。

二年目も、やっぱり鼻水や涙が出る。やっぱりたまに「花粉症ですか？」と聞かれるから「違います！」と強く答える。オモロいな〜と思って見ていたら、三年目、見事に鼻水も涙も出なくなっていました。

ヨンソは長年「自分は花粉症である」を受け入れ続けてきたわけですから、それを書き換えるには三年という時間が必要だった、ということです。

これくらい、**自分の意識や波動を変えることで、現実を書き換えることができるのです。**ぜひ、自分の理想の状態を書き出して、トライしてみてほしいと思います。

ただし、「すぐに」変わるかどうかはわかりません。むしろ、すぐには変わらないだろうと思って、長期戦を覚悟してください。でないと、少しトライして、変わらなかったときに「やっぱり変わらない」と、そちらを強めてしまうことになりかねませんから。

仕事上のパートナーシップに関するQ&A

Q 妻として、母として、家事・育児もしながら仕事をしているのに、パートナーは私の状況を全く理解しようとせず、協力もしてくれません。

A 確かに、家事も育児も、そして仕事もしているのに、パートナーがそれを理解してくれない、協力してくれない状態は大変だし、辛いだろうと思います。その気持ちはよくわかります。

ただ、**最も大切なことは、誰かから認められる、理解される前に、自分で自分のことを認めてあげること、だとお伝えしたくなります。実は、自分で自分のことを理解し、認めている状態でいないと、周りから理解し、認められることはありません。**

さらに言うと、**自分で自分を理解し、認められている状態になると、周りから認めてもらう必要もなくなります。**私はよく「わかってもらわなくて結構、結構、コケコッコー」と言っています（笑）。これは、自分で自分を十分認めているからできることです。

でも、**パートナーに対して「わかってほしい」が発動するのは、わかってもらえないと、相手を嫌いになってしまうからかもしれないと思います。**これは第2章、恋人・夫婦関係のパートナーシップの部分でも触れました。ただ、繰り返しになりますが、パートナーからの理解を求める前に、自分が自分を十分認めてあげる。そこからかなと思います。

加えて、自分の理想を許可して、書き残しておく。ポイントは「私のパートナーは○○です」と書くことです。例えば、私の場合「ヨンソが○○になりました」と書いてヨンソを見ると、「全然違うやん！」と思ってしまう。だから、「全然違う」にエネルギーを注いでしまうことになる（笑）。

だから、**「私のパートナーは〇〇です」と書いた。そこに集中し続けた。今のパートナーがどうか、ではない。自分の理想を書き続けるのです。**今のパートナーが理想の状態に変わっていっても良いし、パートナーが別の人になっても構わない（笑）。そのくらい、自分の理想を現実化することを許してあげてほしいと思います。

宇宙に「〇〇であるべき」は一切存在しません。夫婦だから一緒にいなくてはいけない、上手に関係を築いていかなくてはならないなんてことは、私はないと思っています。とにかく、自分の理想に集中することが重要です。

Q 自分と価値観や考え方が合わない上司との付き合い方に悩んでいます。男尊女卑、タテの意識が強く、女性は男性の身の回りのお世話をするのは当たり前。一緒にいると腹が立ちます。

A 私ならまず、その上司に対して「ないわ〜」と思います（笑）。前にも出た、「反面教師的」な上司として見ます。その上で、自分の理想を描く。相手をどうこうするのではなく、自分の理想を書き出しておく。何度も書きますが、**「嫌がわかれば、好きがわかる」。**自分はこういう上司が理想、こういう人と仕事をしたい、を書き出しましょう。

それから、**小さなことから違いを作っていく、**ということもお伝えしたくなります。私は再婚した時「問題を、問題として見るから、問題になる」という、何とも言えない宇宙の法則を体感しました。何か問題を見つけたとき、それを「問題だ！」と捉えるのではなく、さらに良くなるヒント、カギがそこにあると思う。

この癖をつけると、問題が問題に見えなくなります。問題を問題として見てしまうのは、無意識の働きである可能性が高いです。だからこそ、意識して「これはヒントだ」、「必ず良くなる道がある」と思って、出来事を見る。これにトライしてみてほしいなと思います。

どんどん好きなことを認めてあげよう。

　さらに、で言うと、その上司も今までの価値基準や、社会の常識で生きてきてしまったのかもしれないな、と思います。これからの時代は「タテ」が「ヨコ」になる。上下関係が崩れるのは、おそらく止められない流れです。

「男性だから○○」、「女性だから○○」という発想も、当然無くなっていくでしょう。ですから、あなたがその上司の言動にわざわざ反応する必要はありません。**自分の理想にフォーカスすることだけ、続けてください。**

Q　仕事が大好きで、ずっと働き続けたいのですが、妊娠・出産を機に退職せざるを得なくなりました。いずれは仕事に復帰したいとも思っているのですが、子どもがいると難しいかも……と思ってしまいます。

A　働く女性にとって、「妊娠・出産」と「仕事」とのバランスはとても重要なテーマだと感じます。まず、**今働いていて、これから妊娠・出産を控えているけれど、仕**

事も好きで続けたい、という女性に対しては、良い意味で「あきらめる」という言葉を伝えたくなります。

「あきらめる」とは、本来は「明らかにする」という意味。あなたの身体が、赤ちゃんが育つための家になったということを明らかにして、受け入れる。妊娠・出産から一～二年くらいは、自分の思う通りにはならないことをあきらめるしかないと思います。

ただし、**「赤ちゃんがいると、仕事ができない」という思い込み、あきらめとは別です。私はこの思い込みを断固否定します。**赤ちゃん、子どもがいると仕事ができない、なんてことは絶対にありません。事実、私は子どもを育てながら、毎日五分間だけ仕事をして、翌年には年収一千万稼ぐところまで行けたわけですから。

楽読のインストラクターの中にも、家で子どもを育てながら仕事をしている方々はたくさんいます。もちろん、楽読というビジネス自体を赤ちゃんや子どもがいてもできる設計にしてあるからではありますが、「赤ちゃんがいると仕事ができない」というのは、絶対ではないとわかっていただきたいのです。あなたがもし、「赤ちゃんがいても仕事がしたい」と思うならば、絶対にできる。やれる方法、やれる道は必ず見つけられます。それを許してあげてほしいと思います。

裏を返すと、「赤ちゃんがいるから、仕事をしたくない」でも良い。それも許してあげてほしい。**自分の理想は何なのか。どういう状態なのかを常に常に、自分の中に見に行き、認め、許し続けてほしいと思います。そうすれば、道は拓けます。**

同じような思い込みが「働かないと、お金が入ってこない」。働かなくても自分が豊かに生きていける方法はあります。それを、自分の中で許可できていないだけ。**「〇〇でないと、〇〇にならない」と思っていると、その想いが現実化します。**それは、自分の理想を完全に許可できていない状態です。もし、あなたが本当に働かずに豊かに生きていきたいならば、それを許してあげる必要があります。そうすることで、

「こうしたら、そうなるかも」というヒントが見えてくる。そして、その思い付きにトライしてみるからこそ、自分の理想に近づく。そんなことがあるように感じます。

Q 子どもがいるため、遅い時間まで残業ができず、上司や同僚から「仕事にならない」「役に立たない」と思われているのではないかと心配になります。

A 宇宙経営では、目の前の世界は全てあなたが創り出している、あなたが選んでいると認識することから始まります。ですから、**「子どもがいるから、残業できない」があなたにとって好きな状態か、そうではないかを知る必要があります。**

さらに言うと、「残業しなくても、仕事が終わる」「子どもがいて、残業をしない自分がいるからこそ、上司や同僚の役に立つ」など、**自分にとって理想の状態を描き、その状態になって良いと肯定する力が必要だと感じます。**

理想はあっても、そう思えないこともあるかもしれません。でも、最初は思えなくても、想い続ける。反射的に「そんなの無理」という感情が出てくるかもしれない。それすらも許す。「そう思っちゃうよね。でも、私の理想はこっちなんだ」と、軌道修正し続ける。

あなたの理想は、自由に描いて良いのです。「子どもがいるから、残業しちゃいけない」ではなく、「残業をしても、子どもが幸せ」でも構わない。もう一度言いますね。**「〇〇しないと、〇〇にならない」という思い込み、概念を手放すのです。**そうして、自分の本当の理想を認める。そうすると、物事は少しずつ理想の方向に動き出します。ぜひ、想い続けてみてください。

「仕事上のパートナーシップ」のまとめ

【つまずきやすい原因】

過去の常識にとらわれてしまっている。

【うまくいくヒント】

- 上司だから偉い、尊敬すべき、ということはない。
- 部下は「新しい人」。わからないことを聞けるようにしてあげる。
- 本音を言い合える仕事仲間こそ、事業成功に必要なもの。

【人生を変えるワーク】

□自分が好きな、尊敬できる上司・同僚を探してみましょう。

□仕事で関わる人々を「仲間」と捉えて、仲間のために動く意識を持ってみましょう。

（　想い出に感謝。　）

（　人生は毎日がドラマ。　）

第4章

新しい時代のパートナーシップ

これからは「感性の時代」になる

この本が刊行されるのは二〇二一年の四月。**私は、ある意味「読めない」時代に入ったと感じています。**

「先を読む」とは、今までは過去のデータを基にして未来を予測することでした。でも、過去データを基に未来を予測できる、あるいは予測できると思える時代は、もう終わりを告げたと感じています。

私たちは自分が知らない世界、言い換えると「人間的に知っている世界ではない世界」に入ったと感じています。

読めないものは、読もうとしない。これが私の考え方です。では、どうしたらいいのか。自分自身が今感じている「どう生きていきたいか」を大切にして生きていくことが重要になってきます。

ですから、私も「どう生きていきたいか」のメモをたくさん取っています。このメモを自分自身の指標にしながら、これからの「読めない世界」を生きていく。そんな時代に入った、と私は感じています。

これからは「感性の時代」に入っていきます。大切なことは、頭で考えるのではなく、感じること。自分がどう感じるか、ある意味「目に見えない領域」を大事にしていく時代になります。

皆さんは『ガイアの法則』という本をご存じでしょうか。千賀一生さんという方が二〇一〇年に書かれた本です。詳しい内容は、実際に本を手に取って読んでいただくのが良いと思いますが、簡単にご紹介しますね。

この本に書かれているのは、**地球における文明の盛衰は大いなる法則によって決まっているということ**です。

人類最古の文明は、今から六四〇〇年ほど前、現在のイラクの付近で栄えた「シュメール文明」であると言われています。

『ガイアの法則』によれば、地球の文明には「西回りスピン」と「東回りスピン」という法則があり、西洋文明の中心は一六一一年ごとに経度二二・五度西に、東洋文明の中心は一六一一年ごとに経度二二・五度東にずれていくのだと言います。文明の中心は西回りスピンと東回りスピンを交互に繰り返し、栄えては衰退していくのです。

新しい文明は、いずれも誕生してから約八〇〇年にわたって繁栄し、そこからは徐々に衰退して次の文明へ移り変わっていく、という法則性があるというのです。

現在の社会は、西暦一二〇〇年ごろにイギリス（ロンドン）を中心に誕生した「アングロサクソン文明」の影響を強く受けていました。世界共通言語は英語となり、時間もイギリスのグリニッジ天文台を基準とするようになりました。

ちなみに、**「西回りスピン」が優位になるときは物質的な繁栄が起こり、「東回りスピン」が優位になるときには、精神的な繁栄が起こるという法則もあります。**この「アングロサクソン文明」は西回りスピンであり、その影響を受けて産業革命や資本主義経済、グローバル金融システムが発展してきたのです。

「新しい文明」の中心地、日本

ここまで書いてきて、何か気付かなかったでしょうか。そう。**実はアングロサクソン文明は誕生してからすでに最盛期の約八〇〇年を過ぎ、徐々に衰退期に入っていると考えられるのです。**

では、次の文明の中心はどこに移るのか。

アングロサクソン文明は西回りスピンでしたから、次は東回りスピンが文明の中心になります。前回の東回りスピンで文明が栄えたのは、今から一六〇〇年ほど前、東経一一二・五度の付近。つまり、隋や宋、唐といった中国文明でした。

そこから東に二二・五度スピンした先とは、**東経一三五度線上。つまり日本、しかも兵庫・淡路島のあたりが次の文明の中心点になると、この本では説明されているのです。**

しかし、現時点ではまだ日本が新しい世界文明の誕生地になる、という兆候を感じられない方が多いかもしれません。でも、それはある意味当然のこと。一六一一年ごとに移行する世界文明の転換期は、その1／16期間、つまり一〇〇年ほどは前文明と新しい文明との転換期にあたるらしいのです。

この法則に従って考えてみると、**文明の中心点が東回りスピンに変わり、地球が変わって約二〇年。成人というか、大人になったという感覚を私は感じています。少しずつ、時代の変化が現れてきているように思えるのです。**

そして、この本にはこう書かれています。

「今のあなたの境遇は、今作られたものではない。十年前に思い、行動した結果が今になって現れているのだ」と。

だからこそ、と私は感じています。**だからこそ、あなたの「ストーリー」に価値のある時代になっていくのです。**

これを読んでくださっている方々には一人ひとり、それぞれのストーリーがあります。**ストーリーとは、言い換えればプロセスです。**過去に思っていたことが、今実際に起きているということ。そのことそのものに、大きな価値があると私は感じています。

地球は、肉体を持って魂を成長させる経験をする場です。簡単に言えば、私たちは経験を通じて、魂を磨くのです。だからこそ、経験、プロセスに価値がある。

大切なことなので、もう一度書きますね。あなたの経験、プロセスにこそ、価値があります。経験を通じて、私たちは魂を磨きます。私たちが肉体を手放す時、魂はどこかに還ります。それこそが宇宙と言えるかもしれません。ですから、**皆さん一人ひとりの経験は、宇宙の価値になるのです。**

そして、とても言葉を省いていくと「今は過去」ということになります。**今は、過去が作っている。**見方を変えれば、**未来は今創られているということ。**どんな未来を描きたいのか。作りたいのか。それは、今のあなたが創り出しています。このことは、ぜひ覚えておいてください。

（おいしい食事の温かさを感じる。）

これからの時代は「タテがヨコになる」

『ガイアの法則』には、シュメール文明では**「円は宇宙を象徴する」**とあります。また、地球に「弱肉強食」のような現象や、人類間で繰り広げられる不和があるのは、地球にいる生命体がまだ「生命の本来の姿」に到達していないからだ、と説明します。

私は、これからはこうした「円」の時代が到来すると感じています。私の表現で言うと「タテがヨコになる」イメージです。

例えば、従来の組織、会社をイメージしてみてください。社長やトップが一番上にいて、その下に経営陣がいて、管理職がいて……という階層になっていることがほとんどだと思います。これは言わば「上下」の関係です。上司・部下。指示する側、される側。完全に「タテ」の社会です。

ひょっとしたら、かつては家庭の中もそうだったかもしれません。これはあくまで「クエスチョン」です。ただ、私は「妻は夫を立てるもの」とか、「自分は仕事をしたいけれど、夫が許してくれない」といった声を聞くことがあります。果たして、これは対等な関係でしょうか。

もちろん、良い・悪いはありません。それぞれのご夫婦の事情、考え方があります。うちはそれでうまく回っている、というご家庭もあるでしょう。でも、それをいずれかが望んでいないとしたら……？　とは聞きたくなります。

あるいは、親子の関係もそうかもしれません。子どもは親の言うことを聞くもの、子どもは親に従わせるべき、という固定概念はないでしょうか。第2章でも書きましたが、親が子を想う気持ち、これは百パーセント愛だと私は思います。

全てが豊かさ。

あれこれ心配したり、口を挟んだり、時には親が子の進路を決めてしまったり。こういったことは、愛ゆえの行動かもしれません。ただ、そこに「子どもは親に従うもの」というタテの意識はないでしょうか。もちろん、無意識かもしれません。でも、固定観念の中に入り込んでいる可能性は否定できないと私は感じています。

何度も書きますが、私にとってパートナーシップとは、「人間関係」とほぼ同じ意味です。なので、**新しい時代のパートナーシップを感じると、全て「タテがヨコになる」というイメージなのです。**

（1人じゃないと思えることに感謝。）

上下ではない、フラットなパートナーシップ

会社や組織においては、タテの指示系統はなくなる。一人ひとりが自分の役割を果たして、必要に応じて相談する。そこに上下関係はなく、あくまでフラット。私は、「楽読」という組織でこれを目指してきたように感じます。

楽読のインストラクターたちは、創業者である私を「ナナちゃん」と呼びます。会議で異論があれば「ナナちゃん、それは違うんじゃないか」と発言してくれる。私にとっては、これが本当にありがたいことなのです。

会社の経営において最も重要な情報はどこにあるか。それは最前線、つまりお客様と接しているメンバーのところに最も集まると私は思います。にもかかわらず、「上

司には反対意見を言いにくい」、「評価に関わるから、都合の悪いことは隠したい」という組織風土になると、情報が経営陣に届きにくくなる。

そうすると、お客様のニーズに合わない施策を打ち、お客様からはそっぽを向かれ、現場は疲弊する。こうなればなおのこと、最前線にいるメンバーは「上には何を言っても無駄」と情報を上げなくなる。完全に悪循環です。

ひょっとすると、顧客やビジネスパートナーとの関係性もそうかもしれません。「お客様は神様です」ではないけれど、顧客の言うことは絶対、という関係性が過去はあったかもしれません。

でも、第3章でご紹介した通り、私にとって「顧客＝仲間」です。もちろん顧客、仲間のニーズや要望は大切にする。仲間を笑顔にするために働く。それが、私にとってのビジネスです。でも、それは「自分を犠牲にする」とか「相手の言う通りにしなくてはならない」というものではありません。

顧客＝仲間も大切にするけれど、それと同じくらい、あるいはそれ以上に、自分自身を大切にする。そんな仕事の仕方、働き方になってくるのでは、と私は感じています。あまり「下請け」という言葉は使いたくありませんが、仕事を請け負ってくださる方々との関係性ももちろん「ヨコ」になっていくでしょう。

夫婦や恋人関係におけるパートナーシップは、近年かなりフラットになってきていると感じます。でも、特に夫婦間においては若干「タテ」的な関係も残っているのではないかな、と私は感じています。

この本では、私とヨンソの例をたくさん紹介しました。一応、私とヨンソはいわゆる「夫婦」です。でも、決して一般的な夫婦か、と言えば、そうではない（笑）。この関係性を見て、中には目玉が飛び出るほどびっくりした、という方もいるかもしれません（笑）

私とヨンソは、それだけできるだけフラットな関係性を築こうとお互いに努力した感があります。それは、どちらかが我慢したり、耐えたりというものではなく、お互いの理想を描き合い、それが調和するという世界を見てきたということ。

どちらかの理想や想いを犠牲にして成り立つのではなく、**お互いの理想を描き合う、響かせ合う。これが、これからの「ヨコ」のパートナーシップの姿ではないかと私は感じています。**

子どもとのパートナーシップ、あるいは、自分やパートナーの親とのパートナーシップも同様です。子どもは自分の付属物ではないし、自分の言うことをきかせる相手でもありません。一人の人間ですし、大切な個性です。

もちろん、こちらの要望を子どもに聞いてもらう必要があるケースも多々あります。そういう時も、相手の希望や理想を聞く。そして、こちらの理想も伝える。そういう関係性が構築できたら、それは素晴らしい子育て経験になるのではないかなと感じます。

自分の両親、あるいは義理の両親とのパートナーシップも同じ。詳しくは第2章に書きましたが、ここも当然「ヨコ」が基本になっていくはずです。

しかし、そうは考えない方々、言い換えると旧文明の影響を強く受けているように感じられる方々と、皆さんはコミュニケーションを取らざるを得ないことがあるかもしれません。各章のQ&Aの中でも、そういった質問をいくつか取り上げてきました。

そういう時に、どうしたら良いのか。これは各章でも取り上げた通り、**あなたにとって気分が良くなる情報を選ぶことが最も重要です。**相手を変えたり、考え方を押し付けたり、コントロールするのではなく、あなた自身の理想を見続けること。そのために、理想を書き留めるのも良いでしょう。そして、自分の気分が良い状態、理想を見ている状態をキープしてほしいと思います。

そして、繰り返しになりますが、**「感じる」ことを大切にしてほしいと思います。**考えるのではなく、目に見えない領域を大切にして、自分にとって、理想の状態は何か、どうだったら自分の気分が良いのか、を感じに行く、そこにフォーカスすることを続けていただきたいと思います。

決して戦うのではなく、争うのではなく、あくまでも自分の理想を見続ける。私の場合、自分の周りにいる方々の幸せを願いたい生命体ですから、それだけを見るのです。

これからの時代は「女性性」の感性を持つ人が増えてくるでしょう。そして、そういう感性で生きていくことが、これからの時代を生きていく上ではとても大切だと感じています。**私が内なる存在に「女性性とは、どういうものか」と問うと、「優しく、柔らかい心」と返ってきました。**

今までの時代は資本主義経済に代表されるような、勝ち負け、上下がはっきりする

（心のまま顔に出してみよう。）

ような社会だったと思います。これは、『ガイアの法則』からも読み解けることです。それが良い・悪いではなく、そういう段階であり、時期であったということ。しかし、**これからは「円」の時代、私の言い方をすれば「タテがヨコになる」時代。優しく、柔らかい心で人と人とのつながりを持つ時代になっていくのではないかと見ています。**

それはまさに、**「女性性」の時代**であると言い換えられるかもしれません。私は、魂には男性も女性もないと思います。もちろん、肉体には男性・女性という性別がありますが、人間の魂には、男性性も女性性も存在する。あたかも陰と陽の関係のように、です。なので、これからの時代はビジネスの世界においても、男性であっても女性性を発揮する経営者やビジネスパーソンが頭角を現す時代が来るのではないかと感じています。

パートナーシップにおいても、「タテがヨコになる」、お互いに優しく、柔らかい心を持ち寄ってつながり合う時代が、すぐそこまで来ているように思います。これは、私たち一人ひとりの意識が創っていく世界です。

未来は、今のあなたの想い、波動が創り出します。ぜひ、あなたが理想とする未来、あなたが見たい世界を思い描いていただきたいと思います。

今のあなたに、**一見トラブルに見えるような出来事が起きたとしても、それすらもチャンスです。**十年前の自分が創り出したアトラクションに過ぎません。何が起きても、チャンスになる。そう思う、そう決めておくことが大切です。

（素直になってみよう。）

「新しい時代のパートナーシップ」のまとめ

【つまずきやすい原因】

従来の関係性、考え方を手放せないでいる。

【うまくいくヒント】

- 新しい文明の時代が始まっている、と認識する。
- すべての関係は「タテ」から「ヨコ」になるとイメージする。
- 自分にとって理想の状態、気分のいい状態にフォーカスする。

（ 仲間に感謝。 ）

【人生を変えるワーク】

□自分が理想とするパートナーシップ、人間関係の状態を描いてみましょう。
□トラブルが発生したら「すべてうまくいくために起きている」と意識してみましょう。

（ゆったりした気分で休む。）

第5章

パートナーシップ対談集

今回の本では、私の事例だけでなく、様々なパートナーシップ事例について、対談を収録しています。

私の考え方で言えば、パートナーシップとは人間関係。つまり、自分が付き合う人の数だけ、パートナーシップがあります。さらに、パートナーシップの育み方は、本当に人それぞれだなと感じています。

だからこそ、本文中では私のパートナーシップに対する考え方をご紹介しますが、こちらの対談では、色々な方と「パートナーシップ」をテーマに話し合い、皆さんのヒントになるようなお話をご紹介できればと思っています。

（時間を有効利用できるため呼吸を整える。）

パートナーシップ対談【出産・育児編】

★出産・育児を経験することで「変化・成長していく」パートナーシップ

一組目は、真渡一樹（ズッキー）と祐美（ゆみちゃん）夫妻との対談です。

「ソウルメイト」的な夫婦といえば、私の身近では、この二人のことがパッと頭に浮かびます。それほど、傍から見ていると表情も似ているし（笑）、波動共鳴している二人だなという感覚があります。

この二人は共に楽読インストラクターとして活動する中で出会い、**ミッション、志が同じところにあるということで共鳴し、パートナーになった二人です。**現在は三歳

（　優しい表情で。　）

と〇歳児（生後六ヶ月）の息子二人の子育て中の二人でもあります。

この二人の話を聞くと、**「運命のパートナーとは」とか、「女性がミッションに生きるとは」、「子どもを育てながら仕事をするためには」**といったことに対するヒントが得られるのではないか、と私は感じています。

✶「運命のパートナー」との出会い方

ナナエ　二人は結婚して、どれくらい経ちましたか。

ゆみ　二〇一五年に結婚したので、六年目になりますね。

ナナエ　最初に会った時から、「運命の相手」みたいな感覚はあったの？

ゆみ　私は、気になる存在だなとは思っていましたね。

ズッキー　実は、ぼくは全く意識していませんでした。出会った当時、ぼくには六年付き合った彼女がいて、その人と結婚するのかなと思っていたから。どちらかというと、ゆみは「ライバル」という意識で見ていました。

ナナエ　ライバル（笑）

ズッキー　二人とも楽読のインストラクターという同じ仕事をしていて、年齢も、インストラクターになった時期も近い。なので、すごくライバル視していた感があります。

ナナエ　そういう二人の関係は、どう変わっていったのですか？

ゆみ　私はズッキーのことを共通点が多くて、何でも話せる相手だなと思っていました。だから、好きというか、気になる存在ではあったんです。でも、「彼女がいる」というのを聞いて「私じゃないんだな」と(笑)。そこで、**ズッキーを仲間だと思ったら、全力で応援できるようになったんです。**

ズッキー　転機になったのが、楽読のメンバーで宮古島合宿をした時。参加者全員が、自分が今世の役割、ミッションやビジョンを発表するという時間がありました。ぼくのミッションは「人類を救うこと」、今で言えば「世界中のみんなで人類の意識革命」。このミッションのために、なぜ楽読のインストラクターをしているのか、ということを全開で話したんです。

ゆみ　それを聞いて、私が「私も全く同じ想いで楽読インストラクターの仕事をしている、よくぞ言ってくれた」みたいなことを伝えたんです。

ズッキー　それを聞いて、あれ？　と。ぼくとゆみのミッションが一緒？　と思って。当時ぼくは名古屋、ゆみは東京に住んでいたんですけど、それから月一回のミーティングの時に顔を合わせたり、それ以外も電話などで連絡を取ったりすることが増えていって。

ゆみ　**お互いに「一緒にいたい」というよりも「一緒にいる方が普通、自然だな」と思ったんです。**

ズッキー　当時は、お互いに別のパートナーがいたんです。ぼくのパートナーもすごく素敵な方だったんですが、決断して、ゆみと一緒に人生を送ることを選びました。本当に「決断した」という感じでしたね。

ナナエ　今の話を聞いていると、みんながよくイメージする「運命のパートナーとの出会い」みたいのとは、ちょっと違うよね。白馬の王子様が現れる、みたいなものではない。でも、**自分のミッションや内なる存在とのコミュニケーションを取ると、自然とそうなっていった、**ということなんでしょうね。

★『妻のトリセツ』を読んで勉強の日々

ナナエ　結婚して、夫婦になってから何か変わったことや、感じたことはありましたか？

ズッキー　**ゆみが初めて妊娠した時、なんだか別人になっていくような感覚がありましたね。**自分はそれまでと変わらず、ミッションと志で生きようとする。でも、ゆみの怒りが蓄積して、噴火するようなことが増えた。一体、何が起こってるんだろう？みたいな。

ゆみ　ズッキーが私のことを理解しようとしたり、サポートしてくれようとしているのは感じるし、ありがたかったんです。でも、**どうしても「なんでわかってくれないの？」という想いが湧き上がってきて、衝突してしまうことはありましたね。**

ズッキー　姉や妹がいたら違ったのかもしれないのですが、ぼくには弟しかいなかった。だから、**女性の気持ちを知識としても知らなかったし、感性でも受け取ることができていなかったんだと思います。**だから、ゆみの「なんでわかってくれないの」が発動した(笑)。

ナナエ　実は、**女性の方が圧倒的に「なんでわかってくれないの」があるんです。**これは「圧倒的に」と言っておきます。私は今、ヨンソを通じて男性を学んでいる感があるのですが、どうやら、男性と女性では相手を理解したり、寄り添ったりする深さのレベルに違いがあるみたいなんです。

相手を理解しようとすること、あるいは寄り添おうとすること。これは、女性の方が断然深い。だから「なんでわかってくれないの」が出てしまうんだと思います。でもこれは、**女性側が「実は、相手もわかっている」というスイッチを入れてみると、見え方が少し変わります。**表面的、あるいは人間的には男性が「わかってない」ように見えるけれど、**「実はわかってる」と、自分が勝手に思ってみる。**言い方を変えると、**こちらが相手を「わかってあげようとする」。こうするだけでも、コミュニケー**

ションが変わる気がします。

ゆみ　**私の場合、「旦那とは」という概念で相手を見るのではなく、「ズッキー」としてみると、感情が波立たなくなった感じがします。**「旦那なんだから」と思うとイラっとするし、「こうあるべき」みたいな考え方になる。でも、そうすると自分も「奥さんだから」という意識が発動しちゃうんですよね。でも、「ズッキーはこうなんだ」と思って見ると、意外と腹が立たないという経験はありました。

ナナエ　子どもが生まれてからは、どうですか？

ズッキー　生まれてからも、しばらくは大変でした。それまでは明るく楽しいゆみだったのが、ある種オニのような側面が出てきて（笑）。名古屋時代、二人でスクールでケンカして「お前は今日帰ってくるな！」と言われて。仕方がないので、スクールに泊まったこともありましたよ（笑）。

でも、**ぼく自身のミッションを自分の内側へ感じに行ったとき、目の前の世界がどれだけ平和か、がとても重要だと思ったんです。自分のミッションを果たすためには、家族が平和であることは絶対条件。そう考えたら、パートナーシップに取り組まない理由がなかった。**家族が平和でなければ、「人類を救う」も何もないですからね（笑）。

ナナエ　具体的には、どんな取り組みをしたのでしょう？

ズッキー　例えば、『妻のトリセツ』という本を買ってきて、隅から隅まで読んで。「ここに書いてあること、ぼくがいつも言われていることだ」と思ったりして（笑）それから、書いてあることを一つひとつ実行してみたりしましたね。他にも、**ゆみが怒ったあと、落ち着いてから「あの時、何があったのか解説して」と聞いてみたり。何がまずかったのか、なぜ怒らせたのかを知りに行きましたね。**

ナナエ　ズッキーはもちろん男性なんだけれど、波動的には女性性を感じますね。女性性の波動は、すごく平和な感じがある。

（　感謝から始める。　）

ズッキー　ありがたいことに、楽読やリターンスクールを仕事にしているので、寄り添うことや共感することを修練してきた感があります。それが活かせているのかなと。だから、ことあるごとに**「大丈夫だよ」「ゆみは、よくやってるよ」と声をかけることが多くなりました。**

ナナエ　**「大丈夫」とか「よくやってる」というのは、女性にとっては言われて嬉しい言葉じゃないかと思います。**良い・悪いではないけれど、男性性が勝つと多分言えない言葉です。男性性が勝つと「オレだってやってる！」みたいな表現になる。

ゆみ　「大丈夫」、「よくやってる」と言ってもらえるだけでも、怒りが収まる感じはあります。万が一、想いが乗ってなかったとしても、そういう言葉を言ってくれただけでも嬉しい、というか。

ズッキー　表面層では想いが乗っていなかったとしても、男性はみんな、パートナー

声を出せてること。当たり前じゃない。

に幸せになってほしいと深層心理では思っているはず。だから、共感できなくても、想いが乗っていなくても、その言葉を言うだけでも、何かが伝わるということがあるのかもしれないですね。

★一カ月に一度、「自分のための時間」を作る

ナナエ　ゆみちゃんは子どもが生まれてから、何か変化を感じることはありましたか？

ゆみ　出産して、子育てが始まると「自分の自由がない」とか、「これで良いのかな」と思うことはありました。自分が選んで子育てをしているわけだし、自由がないわけではないのだけれど、勝手に拘束されている気になることもありました。自分を後回しにして子どもにエネルギーを注ぎ過ぎると、自分が疲れてしまったり。その状態で、ズッキーを見ると、全開で自分のミッションを生きている姿がうらやましくなったり。

「稼いでいる旦那さんを見て、子どもの面倒しか見ていない私は何かを生み出せているのか、価値はあるのか？　みたいな感覚になることもありました。

ナナエ　ゆみちゃんは仕事ができる人なので、そういう想いを持ってしまうんだろうな、と感じます。志を持った女性の中には、そういう方が多いかもしれない。ゆみちゃんは、その感情をどう解決したのかな。

ゆみ　実は、つい最近までこういう感覚があったかもしれないですね。「すっかり社会から離れてしまった」とか「私の人生、このまま終わっちゃうのかな」みたいに思っていた時期もありました。でも、**今は子育ての尊さというか、今の自分が受け持っている役割の価値を、自分で受け入れることができたんです。**

子どもたちが生まれ、育っていかない限りは、この社会も終わってしまう。この子たちが未来の日本、世界を担っていくんだと気付いた時、私はなんてすごい役割を果たしているんだろう！　って思えたんです。それを認められた時、すごく楽になりました。

ナナエ　子どもを持たずに働いている状態というのは、実は楽だと私は思っているんです。子どもたちの命を守り、育むというのは、本当に尊いし、大変なこと。「命を育んでくれてありがとう」と伝えたくなりますね。

ズッキー　本当にそうで、子育てってすごいな、とぼくも思います。ぼくですら、全盛期に比べたら仕事に割ける時間が三分の一くらいになっている。子育てをしながら働いているみんなは、どうしてるんだろうと思うくらい（笑）。

それに、子どもは必ずしもスケジュール通りに動いてくれるわけじゃない（笑）。今日も、三歳の息子がなかなか託児所に行ってくれなくて。あの手この手でその気にさせて、なんとか送り届けたんですけど。仕事はほぼスケジュール通り進むから、ある意味楽ですよね、ほんとに。

（　全てが奇跡。　）

ナナエ　本当に、子育てはエネルギーを使う。単純に比較はできないけれど、**仕事と子育てとで言えば、子育ての方がエネルギーを使うかもな、と思って見ています。**だからこそ、女性に限らず、子育てをしている皆さんは、「自分は未来につながる一大事業に参加しているんだ」という想いを持ってほしいと私は思っています。

そして、それだけに、特にお母さんには月に一回でも、身体を癒したり、自分のために時間を使える機会を作れたら良いね、と感じます。

ゆみ　ズッキーや仲間と話していて、「私が自由になればなるほど、ズッキーも自由になる」という想いが出てきたんです。その言葉を出して、感じただけでも、自分が軽くなった。そうすると、ズッキーも軽くなる。それまでは、**自分が自由にするのはダメだとどこかで思っていたのですが、「自由でいい、わがままでいて良い」と思えたら、自分のために時間を使いたい、という想いが湧いてきました。**

ナナエ　私が子育てしながら働いていた時は「二十四時間寝る日」を月に一回作っていました。子どもたちがお腹を空かせないようにテーブルの上に食べ物だけ用意して、電話の電源を全て切って、寝る（笑）。これが、私にとっての充電だったんです。

月に一度マッサージに行く、カフェでゆっくりお茶をする、などなど、何でも良いと思います。自分のための時間を作る。そうすると、感謝が生まれるんです。たった数時間カフェでお茶をするだけでも、この時間を過ごせることがありがたいなと感じられる。

仕事をしている人、外に出ている人は、意外に手を抜いたり、気を抜いたりできるんです。でも、子育てはそうはいかない。息抜きができない。もちろん、子どもといるのが何よりの息抜きと思えるなら、それでも良い。でも、そうでないならば、そういう**「自分を充電する時間」を作ることをおススメしたいですね。**

ゆみ　私にとっては、楽読のレッスンをさせてもらうのが、充電の時間になってるかもしれませんね。レッスンすると、みんなからエネルギーがもらえて、仲間とつながる喜びを感じられる。すごくテンションが上がるんです。

ズッキー　レッスンをして帰ってくると、ゆみがすごくご機嫌なのがわかるんです。その間は、三歳のお兄ちゃんを託児所に預けて、六カ月の弟はぼくが面倒を見ることが多いですね。だから、レッスン中はゆみが自分に集中できる時間になっているんだろうな、と感じます。

ゆみ　そう。「お母さん」じゃなくて「ゆみ」という存在でいられる感じ。

★子育てをしている人たちを応援できる社会に

ナナエ　ゆみちゃんは二人の子どもを出産して、今は子育てに集中することを選んでいるわけだけれど、その選択をしたきっかけは何かありましたか？

ゆみ　実は一人目が生まれた後、一度流産しているんです。助産院で流産した子、小さな胎盤だったけれど、その子を生み落とした時、命の尊さや、この子の分も自分の命を燃やして生きる、大切にするというメッセージを受け取ったんです。

ナナエ　そして、三人目の子を妊娠して、何か決断した感はあった？

ゆみ　仕事と子育てのバランスをどうしようか、と迷っていた部分がありましたね。でも、三人目を妊娠した時、自分の今の役割はここだ、と決めることができました。今の自分は、子どもたちと一緒にいることがお役割だと決められた。**ズッキーは仕事を通じて、私は子育てを通じてミッションを生きる。**ズッキーとも話し合って、スッとそう決めることができた感じがします。

ナナエ　**繰り返しになるけれど、子育てしているお母さんたちに「よくやってるね」と声をかけてあげられる社会が広がると良いな、と感じます。**子どもがやんちゃして

（　声をかける優しさ。　）

も、周りの大人が「大丈夫だよ」と見守ってあげられるような。それだけでも、お母さんはホッとすると思う。「ちゃんと見とけよ」というような周りの大人からの波動を感じると、結構キツいよね。

ゆみ　電車の中とかは、結構しんどい時がありますね。ベビーカーを押しながら乗ったり、子どもが騒いだりすると。

ナナエ　残念ながら、全人類例外なく、みんな女性から生まれてるんですよね。これは疑いようがない事実。だから、お母さんを大切にするのは道理だし、人の道として当たり前だという社会、文化が広がると良いね。

ズッキー　ぼくはゆみを通じて、女性の偉大さを学んでいる感じがします。ぼくが取り組んでいる仕事や経済活動ももちろん大切だけれど、やはり**母性、女性性のエネルギーは次元が違う。**

そういう想いや波動を感じるだけでも、社会は優しくなるんじゃないかと思います。そして、そういう感覚を持った人がビジネスの世界に入ってくることで、社会が自然に良くなっていくように感じています。

ナナエ　本当にそうで、経営者が「女性性」や「母親」、「子育て」についてどう考え、どう感じているかを聞くだけでも、その人の考え方や意識がわかるように感じます。**これからは、間違いなく女性性の時代になります。母親や、子育てをしている人にやさしくない会社や社会は、これから衰退すると思う。**

ズッキー　女性のことをわかってあげられる、わかろうとする社会がこれから大切だと思います。もちろん、ぼく自身ももっと全力で仕事したい、という葛藤がないとは言えないけれど、パートナーシップや子育てに比重を置こうとしている自分がいる。それが、結果として自分の志ともつながっていくと感じています。

ゆみ　私は私で、常に笑顔でいることを意識しています。**自分が笑顔かどうかを、**

パートナーや息子たちが見ているのをすごく感じる。この子たちの未来を想うと、自分が笑顔を絶やさないことがどれほど大切か、と感じるんです。もちろんできない時もあることを許容しながら、笑顔でい続ける努力をしたいなと思います。

ナナエ　お母さんが笑顔でいる方法は、たくさんあるはずだと思います。例えば、もっとお母さんが笑顔でいられる社会構造になっていれば、とか。今は、旦那さんが奥さんの笑顔を守らなくてはいけない。でも、会社に勤めていると時間に縛られて、パートナーや子育てに時間を割けないお父さんもいるかもしれない。

だからこそ、私は楽読というビジネスモデルを作った感があります。自分で働く時間を選べるようにした。子どもがいても仕事ができるスタイルを一番理解しているのは自分だ、と思ったから。

今は、WEBというツールもある。子どもが寝た後に仕事をしたいというお母さんがいれば、楽読レッスンなら、夜にレッスンを受けたい人や、場合によっては時差がある海外の人にレッスンをするということもできる。
もちろん、仕事以外にも、お母さんが笑顔でいるための方法はたくさんあるはず。
これを社会全体で、仕組みとして考えていける世の中にしていければと感じています。

（ 好きなことを選択すると感謝が拡大する。 ）

★義理の家族や親族とのパートナーシップは「チームづくり」

対談の二組目は、一般社団法人「楽読ジャパン」の代表理事を務めた経験もある、現在は「楽読研究所」の代表取締役をしてくれている石井真さん（まこっちゃん）と、その奥さまで、楽読レッスンにも取り入れている『コアチューニング®』の認定講師をしている石井典子さん（のりちゃん）ご夫妻です。

このお二人は、結婚して二〇二一年で十一年目、出会って十九年目。再婚四年目の私にとっては、夫婦としては大先輩にあたります（笑）。私たち夫婦の子どもみたいなケンカの仲裁に入ってくれる、ありがたい二人でもあります。

この二人を見ていると、今はもめごとも、問題もないように感じられます。おそらく、二人ならではの取り組みや、コミュニケーションがあるのではないかな、と感じます。そのあたりも含めて、ぜひ聞いていきたいと思います。

★嫁・姑問題のカギは男性が握っている

ナナエ　まこっちゃんが楽読のインストラクターを始めてから、どのくらい経ちますか？

まこと　ちょうど十年ですね。ぼくは元々不動産業界で働いていたのですが、社会に適合できずに職を転々としていました。「お金があれば安心、何でもできる」という思い込みで、お金を集めようと奔走していました。楽読を始める前には、投資商品を紹介したり、自分でも投資や資産運用に手を出したりして、自己資金で約一千万、借

（　　優しさって気配り。　　）

金は億単位でありました。

のりこ　私も以前は証券会社で働いていて、お金至上主義みたいなところがありました。当時の私は「一生働くなんて嫌だ」と思っていて、お金を稼ぐのは旦那さんに任せたいと思っていました。だから、そういうものを引き寄せていたのかなと思います。

ナナエ　投資や資産運用にお金をつぎ込んでいたのは、一見「豊かになるため」のように見えるけれど、実は「不安を解消するため」だったということですか？

まこと　その通りです。でも、**不安が出発点にあると、どうしても不安なことが現実化する。**当時はそれがわかっていなかった。それで、八方ふさがりになった時、「これと真逆のことをすればいいんだ」と思ったら、笑えてきて（笑）

ナナエ　そういう状態で結婚して。のりちゃんは、まこっちゃんや、まこっちゃんのご両親とのコミュニケーションで悩んだことはなかった？

のりこ　ほとんどなかったですね。強いて言えば、まこっちゃんのお母さんが私に「孫はいらないから」って言ったことがあったんです。当時、私はそれがショックで。でも、今思うとお義母さんは、私がプレッシャーを感じないようにと思って言ってくれたんじゃないか、と思います。それ以外は、ほぼなかったですね。

ナナエ　パートナーシップの本を出すにあたって、オンラインサロンのメンバーと色々話をしてみると、嫁・姑問題みたいな、パートナーの両親との関係で悩んでいる人、特に女性が結構多かったんですね。のりちゃんは、パートナーの両親との関係であまり悩まなかった理由は何かあると思いますか？

のりこ　前に考えたことがあるんですけど、実は**まこっちゃんが私を大切にしてくれてたことが大きかったかも、と思います。**まこっちゃんが仕事で大変な時期でも、ちょっとコンビニのケーキをお土産に買ってきてくれたり、とか。そういう心遣いを感じられたから、この人の両親は大切にしたいな、と思ったのはありますね。

（気配りって人の器に正比例する。）

ナナエ　実はヨンソに嫁・姑の話をしたら「これは完全に男性次第よ」と言ってたのね。今ののりちゃんの話は、それに通じるものがあるなと思って。

のりこ　まさにその通りだと思います。まこっちゃんが私に対して優しくない態度を取る人だったら、この人の両親を大切にしよう、なんて思わなかったかもしれない。

まこと　これに関してぼくの視点から話すと、**ぼくは家族全体を「チーム」として捉えてる感があるんです。**お互いに連携し合うところに、ぼくの情熱がある。だから、「仲が悪い」という状態はあり得ないし、「誰かだけが頑張ってる」というのもダメ。みんながそれぞれ一生懸命に、自分の役割を果たす。その一体感、グループ感がぼくにとっての喜びなんです。

実は、数カ月前から面白い実験を始めていて。のりちゃんの仕事が忙しくなってきて、家事がままならない。だから、ぼくと息子と、同居しているのりちゃんの弟で、家事を分担することにしたんです。

ナナエ　共同生活、って感じだね。

まこと　まさにそうなんです。これをやってみると、**みんなの間で「ありがとう」が循環し始めたのを感じたんです。**お互いに、家事してくれてありがとう、という。

のりこ　実は、私自身がこのことを受け入れるのに、ちょっと時間がかかったんです。というのは私の中に「家事は女性がやるもの」という意識があったから。私は祖母に育てられたんですが、祖母は私を育てながらも家事を自分できちっとしてたんです。「お前はだらしない、家事は女がやるものだ」ってずっと言われてた。

だから、私がちゃんとできてないから、みんなにこんなことさせちゃってるんだ、と思うことも、最初はあったんです。でも、まこっちゃんから「申し訳ない、じゃなくて、ぼくらはやってみたいからやってる」と言ってもらえて、少し肩の荷が下りたというか。「いいんだ」と思えたんです。

ナナエ　**「いいんだ」と思わせてくれる男性というのは、素晴らしい存在だと思います。「これでいいんだ」と思えるのは、大きな許し。**これを感じられると、感謝につながっていきます。そうなれば、夫婦関係は上手くいくだろうなと感じます。

★男性にとって、奥さまは「ジェットエンジン」

ナナエ　まこっちゃんが楽読のインストラクターを始めてしばらくの間、のりちゃんはあまり賛成していなかった、という話を聞いたことがあります。

まこと　嫌悪感を持ってましたよね（笑）。

ナナエ　嫌悪感（笑）。でも今は、一緒に進んでいるように感じます。どのように意識が変わったのでしょう？

のりこ　まず、私が楽読を受講したのが一つのきっかけかなと思います。実は、私の弟が行方不明になって、しばらくしたら拘留されていることがわかって。私はすごくパニックになって、どうしようと思ってたのに、まこっちゃんは「生きてて良かったね」と言ったんです。その時に、見ているところが全然違うんだな、と頼もしく感じたんです

それで、弟のことでこんなに揺さぶられるとしたら、もし息子に何かあったら自分はどうなるんだろう、と思ったんです。このままでは自分が弱すぎると思って、まこっちゃんに相談して、楽読を受講してみたんです。

まこと　ぼくがずっと楽読の話をしていたのもあるし、ぼく自身がそういうブレない状態にいたから、「楽読には何かヒントがあるんじゃないか」と、のりちゃん自身が思ってくれたんだと思います。

（応援してくれる人がいる。）

ナナエ　楽読を受講するようになって、何が変わりましたか？

のりこ　弟の件で裁判になって、賠償金とか、色々な課題が出てきた。なぜかそれまでは「私が全部何とかしないと」と思ってたんですよね。私が弟の親代わり、みたいなところもあったので。でも、弟ももう二十歳過ぎてるし、立派な大人だし、住むところとか最低限のサポートはするけれど、自分でしたことの責任は取らせよう、という考えに変わったんです。

ナナエ　なるほどね。**視界が変わって、俯瞰できるようになった。それで、落ち込まなくなったという感じなのかな。**私がのりちゃんと会ったのも、ちょうどその頃でしたね。

のりこ　そうです。ナナエさんに会った時、**「まこっちゃんのことを『できないやつ』だと思ってない？」と聞かれたんです。心配していないか？　と。でも、そう**

（　類ともが自然。　）

思っていると、まこっちゃんがどんどん「できないやつ」「心配をかけるやつ」になる。それで、全て自分が創り出している、と納得したんです。まこっちゃんを「できない人」「稼げない人」にしているのは自分だと。だったら、それは絶対にやめたいと。

ナナエ　今もそうだけれど、のりちゃんはまこっちゃんをとても大切に想っているのが伝わってくるんです。でも、**大切だからこそ、言葉が強くなる、というのも感じた。**だから、のりちゃんの本当の気持ちを聞いた。「まこっちゃんを大切に想っている」という想いに触れた瞬間、変わりましたね。

のりこ　涙がダーって溢れて（笑）。そこから、見方を変えたんです。まこっちゃんは「できる人」だと。そこから、目に見えて成果が変わっていった。

まこと　ぼくはものすごく嬉しかったですよ。**男性にとって、女性はジェットエンジンのようなもの。**応援してくれたら、前に進む推進力になるけれど、ぼくとのりちゃんの場合は、ずっと逆噴射しているような状態だった（笑）。でも、応援してくれる態勢になって、楽読での成果や影響力が格段に変わったんです。

ナナエ　**男性は、一番そばにいる女性のことがどうも気になる性質があるみたい**なんよね。この間、私とヨンソのお母さんとお姉さん、男性はヨンソとヨンソのお父さんと、お姉さんの旦那さんとで食事をしたことがあって。

ヨンソが「男性は、とにかくお嫁さんが気になるんだ」って言ったら、男性陣がみんな揃ってうなづいてた（笑）。ヨンソのお父さんは結構やんちゃで、ヨンソのお母さんに苦労かけた人なんだけど、それでもやっぱり奥さんのことが気になるって。でも、女性はそのことをあまり理解できていないような気がする。私自身も、あんまりわかっていない（笑）。

まこと　孫悟空とお釈迦様の関係に似てる気がするんです。ぼくら男性が孫悟空で、女性はお釈迦様。女性の掌の上でいきがったり、威張ったりしてるけど、実は掌の上で転がされてる（笑）。

ナナエ　ヨンソの解説では、女性は土で、男性は種だと。土がどういう状態にあるかで、種が発芽するかどうかが決まる、と言うんですね。

まこと　それはわかりますね。土があるから、種から芽が出るけれど、種だけを置いておいても干からびていくだけ、みたいな（笑）。

★奥さまは自分の影響力を自覚した方が良い

ナナエ　まこっちゃんとのりちゃんのことではないのですが、まこっちゃんのお母さんが失踪した時の話も、夫婦間、あるいは親子間のパートナーシップを考える上で参考になると思うので、聞かせてもらって良いですか。

まこと　父親が退職して、退職金をもらったんですね。本人は車が好きだから、高級車を買いたい。でも、母は止めていた。でも、ある日父が我慢できずに高級車を買っちゃったんですね。家に帰ったら、車がある、みたいな。

で、激情型の母は、全てを放り出して家出しちゃったんです。携帯も置いていったから、連絡も取れない。警察に捜索願を出すくらいしかできることがない。父は憔悴しきって、五キロくらい痩せちゃって。

私の所にも連絡が来て、もちろん心は揺れました。でも、落ち着かせて。**状況も見えないし、心配だけれど、なるようにしかならない、と自分の中で肚に落として。不安はあるけれど、安定はしている状態でいました。**

十日くらい経って、朝の四時に知らない番号から電話が入ったんです。大分の警察から、母親を保護しています、と。海に飛び込んだんだけれど、死にきれずに岸まで泳ぎ着いて、警察に駆け込んだと。

（焦るな。感じることを優先に。）

のりこ　私は私で、まこっちゃんがすごく安定していたから、動揺することはなかったですね。でも、お義父さんがすごく右往左往して、悪いことしか考えられない、みたいな感じで。どんどん痩せていっちゃうし。だから、息子を連れて会いに行って、一緒にご飯を食べたりしてました。まこっちゃんとお義父さんを見ていると、**見方が違うだけで、人ってこうも変わるのか、と思ってました。**

まこと　で、大分の警察から連絡を受けて、「これは大分に迎えに行って、お母さんと旅行しろってことだな」と思ったんです。ぼくが社会人になってから十年くらい、母親とゆっくり深い話をする機会もなかった。二人で旅行して、温泉にでも入って、じっくり話をしよう、と、なんとなくおじいちゃんが言ってくれたような気がして。

ナナエ　なるほどね。お父さんにとっては、お母さんがいなくなることがそれだけ一大事だったってことだよね。

まこと　ぼくものりちゃんがいなくなったら、同じようになるだろうな、とは思いますね。正直な話。右往左往して。でも、本気だからそこまでしてくれるんだろうな、とも思います。本気じゃなかったら、ただ単に別れれば良い。最終奥義「天岩戸隠れ」ですよね。女性が引き籠っちゃうと、ぼくらはどうしようもない。光がないから「出てきてよ〜」と、扉の前で歌ったり踊ったりするしかなくなる（笑）。

ナナエ　女性は怖いな、と思いますね。というのは、自分がいなくなったらどうなるか、を本当の意味ではわかってない気がする。それくらい、**女性の存在は男性に影響を与える**んじゃないかな、と思います。

★子どもは「育てない」。産んだ時点で終了。

ナナエ　石井家の二人の話に戻しますが、今は二人で同じビジョンに向かって進んでいるという感じですか？

まこと　そうですね。未来に向けて、二人で意見を出し合って、描いている感じです。ぼくらは週に一回、二人だけで話す時間を作っているんです。石井家の「経営幹部会議」と呼んでるんですけど、このアポをすっぽかすと、のりちゃんにめちゃくちゃ怒られる（笑）

のりこ　最重要会議ですからね（笑）。

まこと　ビジョンで言えば、ぼくものりちゃんも人々に喜んでもらえる、意義のある仕事に出会えたことが大きいし、それが経済として成り立っていることもありがたいです。

のりこ　二十代までは「食べていくために仕事をする」という感覚でしたが、今は**「生きていくこと、そのものが仕事」**という感じです。だから、以前は一生働くのは嫌だと思っていたけれど、今は一生働くのが当たり前というか、やらない理由がない。

（理想のパートナーシップ。）

ナナエ　ＲＴＨグループにいる人たちは、仕事に対する捉え方が一般の皆さんとはちょっと違う感じがします。なぜ、そう変わったんでしょう。

のりこ　私たちの周りにそういう人たちがいた、というのが大きいなと思います。自分の志やミッションを真剣に追及して、お金を稼ぐ人がいるということ。自分を生きることが、みんなの価値になることを見せてくれる先輩たちがいた。そういう生き方をして良いんだ、と許可が下りました。

まこと　本当にそうで、ぼくは自分の中の常識や固定概念にとらわれた状態で社会に出て、どうもいわゆる「社会」や「会社」にハマれずに過ごしました。それで、ナナエさんを見つけて、その背中を追いかけている感じです。

ナナエ　**生きること、言い換えると楽しむことで豊かになる。**そういうことをする大人たちが増えると、子どもたちにもいい影響が与えられると思うんです。楽しく、自

（好きな人とやることは楽しい。）

分らしく生きて、豊かになる。そう生きる大人たちが増えることがすごく重要だと思います。

まこと　「仕事」も、あくまで表現方法の一つだよね、と思うんです。**ナナエさんはずっと「あなたはあなたのままで良い」と伝え続けている。**これは楽読のミッションである「人が本来あるべき姿へ還る環境提供」にも通じる。

この価値観で生きている人は、勝手にそういう仕事を選ぶだろうし、そういう教育を選ぶだろうし、そういうお金の使い方をするようになる。そんなことを考えています。

ナナエ　確かに。ここで、二人の子育て観についても聞いてみたいのですが。

のりこ　**私は、「子育て」を意識したことがないんです。「育てる」というつもりがない（笑）。**お腹を空かせないようにすることは意識していますけど。

（　できることがあることがありがたい。　）

というのは、私はずっと母親から「母親らしいこと」をしてもらえなかったと思って生きてきたんです。でも、この十年くらいで、今おいしいものを食べられたり、住む場所があったり、素晴らしいパートナーや家族に恵まれていることが、本当にありがたいことだと思えたんです。それは、この身体があるから実感できること。

そう思うと、**母親が私を産んでくれただけで、ものすごくありがたいと思うようになったんです。**母の意思一つで、私を「産まない」という選択もできたはず。でも、産んでくれた。そこに対する感謝が溢れて。

だから、**自分もある意味産んで終了、と思ってるんです（笑）。あとは、そのことをどう捉えるかは息子次第。**感謝に変わるかもしれないし、何もしてくれなかった、と思うかもしれない。でも、それは息子が決めること。どれだけ手をかけようが、放っておこうが、どう捉えるかは彼に委ねられている。だったら、私は私が生きたいように生きよう、と（笑）。

まこと　男性の場合、自分の子どもができたことを身体で実感することはできません。意識では、もちろんわかるけれど。だから、ぼくは最初の一〜二年、あんまり自覚がなかったですね。息子がしゃべり始めてから、育んでいる感覚が出てきた。

そしてぼくものりちゃんと似ていて、「子育て」とは捉えてないんです。**ぼくの場合は息子もチームメンバー。後輩みたいな。わからないことは教える。**だから、先輩として「勉強の仕方」は教えましたね。ああしろ、こうしろというよりは、**二人で楽しいことをしよう、という感覚かな。**

のりこ　学校に行きたくない、と言ったことはないですね。勉強は煩わしいけど、友だちと遊ぶのは楽しい、みたいな感じなのかな。

ナナエ　今の話を聞いていると、**無理にやらせようとするのは逆効果、という感じがしますね。**私も、子どもたちはほぼ放置していました。**子どもに「やらせよう」とす**

ると、逆に「やりたくない」が発動するのかもしれない。当たり前だけど、子どもたちにも意思がありますからね。

まこと　子どもたちはやる気もあるし、何かしたい、何かを生み出したいと思っている感じはあります。ただ、素材がわからないという印象。だから、粘土でも紙でも、あるいはパソコンでも、素材を渡すと勝手に何かを生み出していく。

　ぼくが思うのは、子どもが「やってること」そのものに対して、評価したり、何か言うのはナンセンス。**やり方を教えたり、素材を渡したりすることが親の役割かな、と思っています。**

ナナエ　まこっちゃんものりちゃんも、**「教えようとしていない」というか、不安を見ていないと感じますね。**でも、多くの親の声を聞くと「不安」や「心配」から自分の子どもを見ている印象があります。

まこと　最初に出てきた話ともつながるけれど、**不安から物事を見ると、不安な現象が起こるんですよね。それを外していくと、勝手に上手くいく、**とぼくは思っています。

ナナエ　二人の話を聞くと、家族は「チーム」だという捉え方が新しいなと感じます。男の人ならではの目線かもなと思いますね。まこっちゃんとのりちゃんの関係で言うと、のりちゃんがまこっちゃんを大切に想っているのがとてもよくわかる。だから、まこっちゃんも頑張れるし、のりちゃんを大切にしようとより思えるという循環が生まれているように感じます。

のりこ　**女性の方が、絶対にエネルギーが高いと私は思ってるんです。だからこそ、何をどう見るか、がすごく大切。**どう見るのか、で全てが変わります。私がまこっちゃんを「できない人」と見ていたのを「できる人」と見方を変えただけで、成果が変わったように、です。そのプロセスを楽しんで、夫をいい意味で掌の上で転がす（笑）。そうすると、**結果として世界の平和につながるんです。社会の最小単位である**

（　面白がったもん勝ち。　）

家庭が平和だと、その波動が少しずつ伝播していく。私は、カギを握っているのは女性だと思うんです。だから、ちょっとしたことで構わないので、今できることにトライしてみてほしいなと思います。

（　楽しい予定を作る。　）

パートナーシップ対談【ママさん起業家の子育て編】

★仕事と子育ての両立は、パートナーシップが鍵

対談の三組目は、「楽読」福岡西新スクールのインストラクター、中村福美子さん（ふみちゃん）と、「楽読」鹿児島スクールのインストラクター、祝迫由香さん（ゆかりん）にお話を聞いていきます。

ふみちゃんはシングルマザーとして三人の娘さんを育てながら、ゆかりんは旦那さまと中学校一年生の息子さんがいる環境で、お二人とも楽読インストラクターとしても大成功を収めています。

このお二人を迎えてのメインテーマは「子どもとのパートナーシップ」。子どもが成長してくると、反抗期を迎えたり、学校に行かなくなったり、色々なことが起こります。そういう特別な問題がなかったとしても、働くお母さんとしては子どもとのパートナーシップをどう育んでいけば良いか、悩むこともあるのではないかと思います。

ここでは、お二人から子どもとのパートナーシップをどう考えているのか、はたまた仕事と子育ての両立などについてお話を伺っていきたいと思います。

★病気、不登校の子を持つ母親でも、仕事で成功できる

ナナエ　お二人には、子育てしながらもバリバリ仕事をしているお母さん、ということでお話を伺っていきたいと思います。ふみちゃんは、一人で娘ちゃんを三人育てているということですよね。

ふみ　はい。離婚して十一年くらい経ちますね。一番上が十八歳、真ん中が十五歳、一番下が十四歳になります。末っ子は小学校三年生くらいから学校に行ったり行かなかったりになって、四年生からはほぼ行かなくなりました。今は週一回くらい、気が向いたら保健室に行くくらいですね。

真ん中の子は普通に学校に通っています。一番上の子は、高校を受験して合格はしたものの、「稼ぎたいから」と言って進学せず、アルバイトをしてお金を貯めています。

ナナエ　ゆかりんのご家族はどんな感じですか？

ゆかりん　うちは旦那がいて、中学校一年生の息子がいます。実は息子は、小学校に上がる直前に心肺停止して、生死の境を行き来した経験があります。お医者さんからは「あきらめてください」と言われたのですが、奇跡的に復活してくれて。

でも、意識は戻ったけれど、記憶がない状態が一カ月ちょっと続いたのです。ところが、退院して家で『仮面ライダー』を見ていたら、急に息子が「仮面ライダーのおもちゃは買ってくれたたん？」と聞いてきて。それから、記憶が戻ったのです。

ナナエ　奇跡みたいなことが起こったんだね。

ゆかりん　お医者さんからは「医学的には説明がつかない」と言われました。倒れた頃は原因も全くわからず、六年経ってようやく心臓の不整脈が原因ではないか、とわかってきて。心肺停止の影響で、脳に異常が出るのではと思われたのですが、それもなく、今は元気に学校に通っています。

★学校に行くも自由、行かないも自由

ナナエ　お二人とも仕事をしているお母さんということで、子どもがいることで困ること、というのがあるのではないかと思います。ふみちゃんはどうですか。

ふみ　下の子は五年前から学校に行かなくなって、それは困った、どうしようかなと思いました。私も仕事をしなくちゃいけないし……と思っていたので。でも、三年前に楽読を始めて、今は全然困ってないです（笑）。

ナナエ　困らなくなったのは、どんなプロセスだったんでしょう。

ふみ　下の子が学校に行かなくなると、先生が家に迎えに来て、娘を学校に連れていくようになりました。娘は泣き叫びながら連れていかれるわけです。それを見ていて、ここまで嫌がっている子を学校に連れていくのが良いのかな？　と思い始めて。しばらくすると、登校の時間になると自宅のマンションの非常階段に隠れるようになった

んです。

それを見て、そうかと。そこまで行きたくないのなら、**私はこの子と時間を過ごそう、と決めたんです。**担任の先生や校長先生が家に来たり、私が学校に呼ばれたり、が何度も繰り返されて、何度も話し合いました。

先生は学校に来させたい。子どもは行かないことを決めている。なので、私は「どうしたら良いでしょう？」と相談に行っていた感じでした。でも、先生たちは「来るのが当たり前」、「来ないと出席日数が足りない」みたいな話しかしない。私は正直なことを言うと、学校に行こうが、行くまいが、どっちでもいい、と思ったんです。

それよりも、**私は「娘がなぜ学校に行きたくないのか」を聞いてあげたいなと思いました。**で、聞いてみると、大好きだった先生が退職して、楽しくなくなったからだと。その先生にすごく会いたがっていたんです。そこで、その退職した先生に手紙を書いたら、家まで来てくださったんです。それで、娘と遊んでくれて。その先生から

「フリースクールというのがあるよ」と教えてもらいました。それで、学校だけに縛られなくてもいい、と視野が広がった感じがします。

ナナエ　娘ちゃんの声を聞く、コミュニケーションを取りに行くというのが、ふみちゃんらしいなと感じますね。

ふみ　学校の先生やスクールカウンセラー、ソーシャルワーカーさんは、子どもたちが学校に行くための方法や手段をたくさん教えてくれるんですね。でも、子どもを見ていて、家にいる時の方がホッとしているようで楽しそうに見えた。だったら、子どもたちと一緒に楽しいことをしていきたい、と自然に思いました。

だから、「なぜ学校に行かないのか」とか「今、何を感じているのか」を聞きに行くことをしました。「どんな所なら行ってみたい？」と聞き、「絵に描いてみて」と紙を渡したら、「音楽の部屋」とか「パソコンの部屋」とか、いろんな部屋があって、自分が遊びたい部屋に選んでいける学校なら行きたい、と言ったんです。だから、自分で『楽校』というフリースクールをやろうと思ったんです。

ナナエ　ゆかりんはどうでしょう。

ゆかりん　私はふみちゃんと真逆で、私が「学校に行かない方が良いんじゃない」というのに、息子は学校に行きたがるということで困ってますね（笑）。

何しろ不整脈なので、いつ症状が出るかもわからない。どうやら交感神経が上位になる、興奮すると出やすいみたいなのですが、でもわからない。でも、息子は学校に行きたい。私としては怖いんですけど。

息子は、普通でいたい、病気に負けたくない、みんなと同じように生きていきたいという希望があるみたいなんですね。体幹が弱いし、足も麻痺で動かないのに、他の子と同じように長時間椅子に座って、自分の足で通学しようとする。

　そんな息子を見ているのも辛いのですが、さらに学校の先生が「おたくの息子さんは脳がおかしいから、病院で調べてもらってください」なんてことを平気で言うわけです。私は、そんなことを言ってくる学校に対して怒りが湧くけれど、息子は行きたいという。その葛藤が一番困りましたね。

ナナエ　学校への怒りや憤りを抑えて、息子の学校に行きたい気持ちを優先したと。

ゆかりん　学校への怒りをクリアにしてくれたのが、リターンスクールでした。「おたくの息子は脳がおかしい」と言われて、寝込むほど悔しかったのですが、リターンで**「ゆかりんが怒ってしまうことを許してあげて」**と言われて。「いいの？」と。

　私は怒ってはいけない、人に迷惑をかけてはいけない、とずっと思っていました。でも、**「怒ることも許してあげて」と言われて、救われた感がありました。**誰にも言えなかったので。

ナナエ　先生たちは、子どもたちのことを簡単に悪く言う印象があります。何を基準に言ってるのかな、と思うけれど。

ゆかりん　今は、私自身が学校や先生に目が向いてないと感じます。外で何を言われようと、三人家族で楽しく、幸せに生きている。これで良いと思っています。

ナナエ　私はふみちゃんを見ていると、子どもに対するエネルギーがものすごく高いなと感じます。親がいなくなったり、家に帰れない子どもたちにご飯を食べさせたりしてたよね？

ふみ　うちはマンションなんですが、下の階に、お母さんが置いていった、捨てられたような小学六年生の子どもがいました。その子は年の離れたお姉さんの家族と一緒に住んでいました。その子はその家に馴染めずに、一人ぼっちで遊んでたりしました。だから、うちに呼んで遊んだり、ご飯を一緒に食べてたりしてたんです。その時期から、よく私はそういう似たケースの話を聞くことが多くて、**母子家庭のお母さんや、**

親のいない子どもたちがご飯を食べたり、遊んだり、一緒にいれるような居場所があると良いなと思ったんです。

ナナエ　ふみちゃんのその音を聞いて、私が『楽校』の骨組みを作って。そこから仕組みが出来上がっていきました。こういう想いを持っている人は、確実にいると感じます。

★仕事と家庭、子育ての両立について

ナナエ　次に、仕事と家庭の両立について聞いていきたいと思います。ふみちゃんは、子どもがいながらの仕事について意識していることはありますか？

ふみ　私は普通に朝、出掛けます。子どもは自分でタブレットPCを使って遊んだり、マンガを読んだり、絵を描いたりしています。私が恵まれているのは、マンションの

五階が自宅で、スクールが七階にあるということ。つまり、同じマンションに住居も仕事場もある。

スクールを出す時に色々探したのですが、子どもがすぐ来られる場所、という条件が自分の中でありました。するとと、住んでいたマンションの七階が空いたよと情報が入ったので、すぐ押さえました。おかげさまで、職場と家は徒歩二十秒（笑）。

ナナエ　でも、同じ玄関ではない、居住スペースが守られているというのが大きい感じがします。で、娘ちゃんも何かあれば、すぐスクールに行ける。これはすごくいい環境ですよね。

ふみ　本当に、安心して働けます。

ナナエ　このあたり、ゆかりんは何か感じることありますか？　ゆかりんは楽読インストラクターとしてはもちろん、リターンスクールで全国を飛び回ったり、一昨年は私の講演会を百五十人規模で主催したり。昨年も千人規模の講演会を成功させたりしていますよね。

ゆかりん　私は元々学校の教員をしていました。でも、主婦・母親だと、仕事が続けられないイメージがありました。前の職場だと、「子どもが帰ってくる一時間前には帰りたい」と言うと、「役に立たないから辞めてください」という感じのことを言われることもありました。

今は楽読のスクール運営と、リターンファシリテーターとして活動していますが、**すごく自由になれた感があります。**例えば、私がスクールに来る時は、息子についてくるか、家にいるかを選ばせます。「ぼくに構わないで」といわれることもある（笑）。他の家の子どもたちが来るようなイベントがある時は、割と一緒に来ることが多いかな、という感じです。

リターンスクールで言えば、日本中に行ってリターンを広めたい、伝えたいとなぜか思ってしまったんですよね（笑）。正直、持病を持っている子どもを置いて全国各地で仕事をするって……と思わなくもないですが、**私が意識しているのは「子どもを信じる」こと。**一緒にいる、見守ることももちろん大切。でも、私が私を生きる姿を、息子に見せたいなと思いました。私が仕事で泣いたり、笑ったりする姿を見て、生きることを感じてほしいなと思ったのです。

ナナエ　石井家との対談で「生きていることが仕事」とのりちゃんが言っていたのが思い出されますね。ＲＴＨグループのみんなは、自分を生きる、そしてそれを見せることが自分の仕事になっているのだなと感じます。

ふみ　職場のことで言えば、**前の職場と楽読での仕事を比べると、楽しさと給料が全く違います。**以前は子どもの面倒を見るために夕方までに帰ろうとすると、どうしても収入が足りなくなる。だから、仕事を掛け持ちしたりもしていました。でも、今は好きな時間に働くことができて、きちんと生活できる収入を得ることができています。これは本当にありがたいことです。

頼まれたことやってみてから判断する。

ナナエ　自由に働けて、豊かな状態でいられる。豊かというのは、お金のことだけではなく、子どもとの時間や人間関係が良好で、恵まれていること。この状態であれば、かなり幸せですよね。

★ママ経験者三人が語る「理想の学校像」

ナナエ　子どもとのパートナーシップを考える上で「学校」は切っても切り離せないものだと思うのですが、ふみちゃんは学校に対して思うことはありますか。

ふみ　今の学校は、先生が生徒に何かを教える場所だと思います。そうではなくて、**子どもが学べる場を作って与えるだけ、という形になると、何かが変わっていくのではないかと思います。**親や先生から何かを教わるのではなく、子どもたちは置かれた環境で自ら学んで、成長していく。

子どもは、先生や親の姿をこちらが思っている以上に見ています。大人が楽しんで、夢を持って遊んでいる姿を見せるのが一番の教育になる、と私は思っています。

ナナエ　私が今、学校の代わりになる場所を創ろうとしている「楽校」は、今まさにふみちゃんが言ってくれたものに近いなと感じます。家にいても、WEBがあれば日本全国、世界各地とつながれる時代。だからこそ、色々な職業、考え方、あるいは人種の大人たちとつながって、子どもたちが自由に学べる。そういう場を設計しようと考えています。

ふみ　新型コロナウイルスの影響で、テレワークやオンライン会議がより身近に、当たり前になりました。そのおかげで、より多くの人とつながれるチャンスが広がっている。今の時代は、私にとってはある意味すごくラッキーに見えています。

ナナエ　ゆかりんは、学校について思うことはありますか？

ゆかりん　子どもたちに目線を合わせる、子どもたちの可能性を感じてくれる先生がいる学校だったら良いなと感じます。例えば、全員に全教科を横並びでやらせるのではなく、先ほどふみちゃんが言ってくれたように、**子どもたちがやりたいことを自由にできる学校。それぞれの子どもたちの「好き」や「才能」「得意」を生かせる環境があったら良いですね。**

ナナエ　二人は「学歴」についてはどう捉えていますか？

ふみ　そもそも考えたことがないかもしれません（笑）。**学歴が高くても、イキイキしていないなと見える大人たちをたくさん見てきて、人の幸せは学歴では決まらない、と感じています。**

さらに、長女が高校に進学せず、アルバイトを始めたのも大きかったですね。彼女が言うには、バイト先で「敬語」と「お金の大切さ」と「人間関係」を学んだと。私から見ても、すごく礼儀正しく、強くなった。お金を稼ぐことの大変さ、ありがたみを知ったからか、私にも感謝してくれるようになりました。

バイト先の環境もとても良くて、大人たちが娘のことを応援してくれました。働くことで、私以外の大人を見る機会ができた。娘は高校ではなくその道を選択して本当に良かったな、と思っています（笑）。だから、長女が末娘に言うんです。「学校なんて行かなくて良いよ」って（笑）。

ゆかりん　わたしも、気にしたことがないです（笑）。ひょっとしたら、主人は気にしているかもしれない。「最低限はあった方が良いんじゃない」と言ってきたりしますから。でも、私は主人に対して「そう思うんだね」と受け止めた上で、**息子には「自分が選ぶ道に進んだら良い」と伝えていますね。親の言いなりになる必要はないよね、と常々思っています。**

ナナエ　ぶっちゃけ、この二人の考え方は決して一般的ではないなと感じます（笑）。

でも、この世界を見てみたい、触れてみたいと思う方々と、ぜひつながってほしいなと思います。

一般的には、子どもの向こうに「学校」や「学歴」、「就職先」という社会があって、親たちは子どもとのコミュニケーションだけでなく、子どもを通してその社会とも戦わざるを得ない状況にあるように感じています。

ふみ　私の場合は、学歴が大事だと言ってくる人がいても、聞いているようで聞いていない感じがします（笑）。種類が違うというか、考え方が違う。**その相手を否定するつもりは全くないけれど、私は聞き入れるつもりがない（笑）。**

ナナエ　振り切ってるなー、って感じよね（笑）。

★子どもと「フラットな関係」を構築する

ナナエ　パートナーシップとは、コミュニケーションが前提になると感じています。
お二人は、子どもとのコミュニケーションで意識していることはありますか？

ふみ　子どもを信じること、その子の希望を聞いてあげることは意識していますね。
でも、仕事が忙しくてストレスが溜まっていた頃は、そうできないこともありました。
「働くのがきつい」とも言えなかったし、正直言って「産まなければよかった」とすら思うこともありました。

ナナエ　私がふみちゃんと出会った頃、「ふみちゃん、無理してるな」と感じたのをよく覚えています。

ふみ　きつかったのは、人と比べられること。「他の人はもっとやってるよ」と言われるのが、すごくしんどかった。どうして良いかもわからないし、もっと働かないと、もっと頑張らないと、と思うとどんどんストレスが溜まっていきました。

前の仕事を辞めて、楽読のスクールを開校した後も、すぐに簡単に成功できたわけではありません。一人でスクールにいると、メンタルが落ちるし、辛くなる。だから、楽読の誰かと常につながれるようにして、と言ってもらえたのがすごく嬉しかった。**安心できる環境があったから、続けられたのだと思います。**

ゆかりん　子どもとのコミュニケーションで言えば、感じていることを聞ける親でありたい、と思っています。何をどう感じたのか。「こんなことがあった」よりも「それで、どう感じたのか」、「どうしたかったのか」を聞いてあげられる自分でいたいなと思っています。

その上で、子どもたちの長所を認めて褒められる社会になれば良いなと思っています。みんなで手を取り合って、褒めて伸ばす社会にできたら良いですね。

ナナエ　二人の話を聞いていると、**子どもとフラットに接しているんだな、ということを強く感じます。**子どもとのパートナーシップで言えば、そこがとても重要ではないかなと。二人のように、**子どもの声、あるいは「何を感じたか」を聞いてあげられる大人たちが増えたら、これからもっと豊かになっていくのでは、と思います。**

平井ナナエが実践する「宇宙の法則」を習得し、
直感で生きれる場所
宇宙経営
オンラインサロン

平井ナナエが実践する「宇宙の法則」を習得し、
直感で生きれる場所

【宇宙経営オンラインサロン】は、
自分の中の「宇宙の法則」を見つけ出し、
本来の自分で生きるための「第一歩」として
自分の理想を描き続ける練習の場所。

１つ１つのことに自信を持ち、
仲間とともに思いついたことを
現実化していく
会員制コミュニケーションサロンです。

平井ナナエの考え方に触れたり、
会話をしたり、プロジェクトを一緒にする
機会もあります。

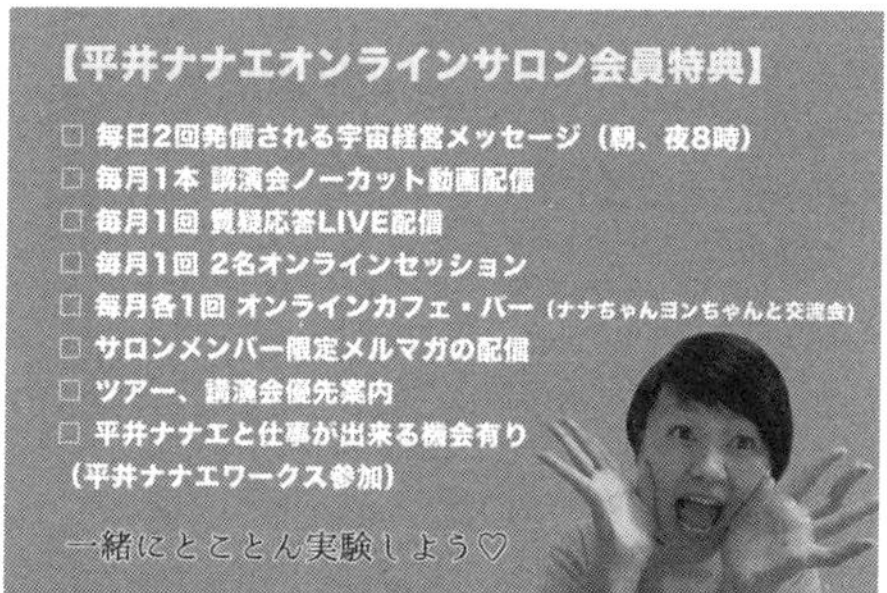
【平井ナナエオンラインサロン会員特典】
□ 毎日2回発信される宇宙経営メッセージ（朝、夜8時）
□ 毎月1本 講演会ノーカット動画配信
□ 毎月1回 質疑応答LIVE配信
□ 毎月1回 2名オンラインセッション
□ 毎月各1回 オンラインカフェ・バー（ナナちゃんヨンちゃんと交流会）
□ サロンメンバー限定メルマガの配信
□ ツアー、講演会優先案内
□ 平井ナナエと仕事が出来る機会有り
（平井ナナエワークス参加）
一緒にとことん実験しよう♡

オンラインサロン

※2021年2月末現在の情報となります

平井ナナエの総合サイトはこちらから↓

平井ナナエのYouTubeチャンネル↓

YouTube

（ 誰かのために、何かできた？ ）

楽読スクールについて

楽読MVP（ミッション・ビジョン・ポリシー）

M（ミッション）人が本来あるべき姿へ還る環境提供

人が人らしく生きる社会を創りたい！という願いを込めています。

V（ビジョン）世界ニコニコピース

世界中が平和になるのは、ひとりひとりが幸せを感じて生きていればそうなる、と感じています。

P（ポリシー）全てのベースは愛基準

人間だから失敗、過ちもあるでしょう。

しかし、愛を持って行なった失敗は大きな問題にはならない、と感じています。

（涙が流れる時の本当の意味は？）

楽読クレド七箇条

楽読クレド七箇条は二〇一四年の楽読全国インストラクター研修のなかで、参加者とともに作りました。ミッション、ビジョン、ポリシーをさらに具体化した、楽読インストラクターとしてのあり方を言語化したものです。

1. 自我自賛し、波動を上げて生きます
2. ご先祖様、両親、恩人、ご縁に感謝して生きます
3. 自然と共存し、感性を磨き続けて生きます
4. 未来の子どもたちのために今を生きます
5. 世界基準の家族愛で生きます
6. 仲間と繋がり、世界と繋がって生きます
7. リターントゥヒューマンします

楽読クルド 7ヶ条

1. 自我自賛し、波動をあげて生きます

2. ご先祖様、両親、恩人、ご縁に感謝して生きます

3. 自然と共存し、感性を磨き続けて生きます

4. 未来の子どもたちのために今を生きます

5. 世界基準の家族愛で生きます

6. 仲間と繋がり、世界と繋がって生きます

7. リターントゥーヒューマンします

（ 気持ち良さは自分が創れる。 ）

リターントゥヒューマン創業理念（原点）

二〇〇五年十月、平井の叔父が本町の事務所を使っていい、と連絡をくれて、始まりました。

とても素晴らしい立地で始まりました。

創業時、なぜ速読を伝えるのか？
それは「人が人らしく自分を生きれる社会を創りたい」と願っているから！
人が自分自身に自信を持つ事で人生が変わる！と強く感じたから。
人が自分の声に気付いて、自分の価値観で生きられる社会。
自分のことを表現できる社会。
人が人のことを応援できる社会。
人が自分と違う人のことを許容できる社会。

そんな想いを熱く語り続けて生まれたのが「リターントゥヒューマン」。

人が本来あるべき姿へ還る、と英語で表現するとどうなる？と友人へ質問したら、返ってきたのが、「Return to human」だったのです！

この言葉をミッションとし、そのまま社名にすることを決めました。

楽読が様々な事業を経営する理由

楽読ではこれからも様々な事業を様々な地域で進めていきます。

そこには大きく三つの想いがあります。

①楽読の肯定的なコミュニティを全世界に

これからの時代、どういう価値感で生きていくか？　がとても大事になっていきます。楽読の「あなたの心の中の平和が全ての平和」という価値観が世界に広がることにより、皆さんの心の平和を作り続けます。

②次世代の子どもたちに何を遺すかという視点

楽読はクレドにもあるように未来の子どもたちの為にどんな社会を遺すかという視点で取り組んでいます。一つ一つの事業には全て想いがありそれは未来の子ども達に繋がっています。

③仲間の想いをカタチにする

楽読のみんなはミッションを持っています。そのミッションを実現するために楽読は、楽読スクール事業にこだわらず、みんなの想いを元に世の中を優しくしていく事業をこれからもしていきます。

楽読の社会的貢献の宣言

楽読は、全社会の人々の肯定感を上げ、その人がその人らしく生き、社会に貢献する人財に成長させる為に存在します。

平井ナナエ
総合サイト

あとがき

いかがだったでしょうか？　一つでも、これからの時代、これからの生き方のヒントになれれば嬉しいです。

今後はますます「本当の自分を生きる」時代が進化していきます。

本当の自分とつながる生き方が主流になっていきます。

本当の自分とのコミュニケーション、本当の自分の想いを大事にして生きる、そんなことが大事になる時代に突入しています。

社会背景も教育の世界も、地球全体も大きく変わる時代となっていきます。

過去の常識は全く通用しなくなるでしょう。

これからは自分のカンを頼りに生きていくことになるでしょう。

だからこそぜひ！！！「本当の自分とのコミュニケーション」を中心に感性を磨いて生きていきましょう。

未来は自分が創る。

未来は自分が創れる。

そんな時代を一緒に楽しんで生きていきたいと願っています。

これからは、ますます類友が明確になっていきます。

本当の自分と繋がって生きたい人のために私は会社を経営しています。

ぜひ、私がミッションで創業したＲＴＨグループのサービスに触れてみてください。

何か感じていただけることと思います。

「本当の自分を生きる」ための社会づくりのために仲間と共に生きています。


最後に……。


皆さんと、この本を機会に出逢えたことに感謝しています。

最後まで読んでいただき、本当にありがとうございます。

また、斎東亮完さん、あべ　のぶおさんのご尽力により、この本は完成しました。

本の完成までいろいろとミーティングを重ね、私の想いを形にしてくれたことに感謝しています。

お二人のおかげさまでこの本は世に出ました。

この本が「志に目覚めてしまった人」のために、活かされていくことを切に願います。

平井ナナエ

平井ナナエ
総合サイト

次の段階へ。

平井ナナエ／女性経営者

ＲＴＨグループＣＥＯ。

「宇宙経営オンラインサロン」主催者。

「楽読」「リターンスクール」など、国内外に二百名以上のインストラクターが在籍する五つの会社、五つの社団法人を経営。

一九六九年大阪で生まれ、十八歳で結婚し娘を三人授かり、二十三歳で離婚。シンプルマザーとなった後、一念発起して、完全歩合の営業で生活を支える。厳しい現代社会で生きていく中で「人が本来あるべき姿へ還る」そんな社会を創るというミッションに目覚め、二〇〇六年創業理念である「リターーン トゥ ヒューマン」（ＲＴＨ）に基づいた速読教室「楽読」を創業。二〇〇八年に倒産寸前の崖っ淵状態で人間技の限界に直面するが、それがキッカケで「引き寄せの法則」と「バリ島の兄貴・丸尾孝俊氏」との出会いで、奇跡のようなＶ字回復を遂げる。その後ミッションに共感する仲間が広がっていき、日本・韓国・アメリカなど、全世界に八十スクール以上展開し、インストラクター二百名以上を輩出。業界日本一の速読スクール展開となり、老若男女を問わず、多くの起業家・経営者を育成している。

二〇一六年に再婚。三人の娘と五人の孫を持つ母として、祖母として、現在はパートナーや多くの仲間と共に、未来の子どもたちのために、より良い地球を残すことに命を燃やしている。

宇宙経営最新情報や、無料動画コンテンツなども公開

◆平井ナナエ公式サイト　https://nanaehirai.com

宇宙経営12のメッセージ

すべての秘訣は「自分とのパートナーシップ」にある

2021年5月5日　第1刷発行

著　者　平井《ひらい》ナナエ

プロデュース協力　斎東亮完、原田祥衣（ルネサンスジャパン）
編集協力　あべのぶお、橋本幸俊（RHクリエイティブ）

発行者　太田宏司郎
発行所　株式会社パレード
大阪本社　〒530-0043　大阪府大阪市北区天満2-7-12
TEL 06-6351-0740　FAX 06-6356-8129
東京支社　〒151-0051　東京都渋谷区千駄ヶ谷2-10-7
TEL 03-5413-3285　FAX 03-5413-3286
https://books.parade.co.jp
株式会社RTH
〒530-0012 大阪市北区芝田1-10-10
TEL 06-6359-1997

発売所　株式会社星雲社（共同出版社・流通責任出版社）
〒112-0005　東京都文京区水道1-3-30
TEL 03-3868-3275　FAX 03-3868-6588

装　幀　藤山めぐみ、河野あきみ（PARADE Inc.）
印刷所　中央精版印刷株式会社

　ISBN 978-4-434-28809-8　C0034